How to Conduct an Effective Peer Review

如何做好**同行评议**
学术期刊论文**审稿方法与技巧**

[美]格洛丽亚·巴尔扎克　　[美]阿比·格里芬　｜著
Gloria Barczak　　　　　　Abbie Griffin

向帮友　｜译

世界图书出版公司
北京　广州　上海　西安

图书在版编目（CIP）数据

如何做好同行评议：学术期刊论文审稿方法与技巧 /（美）格洛丽亚·巴尔扎克,（美）阿比·格里芬著；向帮友译 . — 北京：世界图书出版有限公司北京分公司，2024.1
ISBN 978-7-5232-0657-7

I. ①如… II. ①格… ②阿… ③向… III. ①学术期刊 – 论文 – 写作 IV. ① H152.3

中国国家版本馆 CIP 数据核字（2023）第 146143 号

How to Conduct an Effective Peer Review by Gloria Barczak and Abbie Griffin
First published by Edward Elgar Publishing Limited in 2021
Copyright © Gloria Barczak and Abbie Griffin 2021
All rights reserved.

书　　名	如何做好同行评议：学术期刊论文审稿方法与技巧 RUHE ZUOHAO TONGHANG PINGYI
著　　者	［美］格洛丽亚·巴尔扎克　　［美］阿比·格里芬
译　　者	向帮友
责任编辑	刘天天　邢蕊峰
特约编辑	晁婉冰
特约审校	齐　心
特约策划	巴别塔文化
出版发行	世界图书出版有限公司北京分公司
地　　址	北京市东城区朝内大街 137 号
邮　　编	100010
电　　话	010-64038355（发行）　64033507（总编室）
网　　址	http://www.wpcbj.com.cn
邮　　箱	wpcbjst@vip.163.com
销　　售	各地新华书店
印　　刷	天津画中画印刷有限公司
开　　本	880mm×1230mm　1/32
印　　张	8.25
字　　数	192 千字
版　　次	2024 年 1 月第 1 版
印　　次	2024 年 1 月第 1 次印刷
版权登记	01-2023-4643
国际书号	ISBN 978-7-5232-0657-7
定　　价	79.00 元

如有质量或印装问题，请拨打售后服务电话 010-82838515

目录 CONTENTS

引　言 ... 01

第一章
什么是高质量评议 ... 001
高质量评议的定义 ... 004
书面意见要跟评议建议相一致 ... 009

第二章
同行评议能为评议人提供什么 ... 011
评议的财务回报 ... 013
从评议中获得的个人成就感 ... 014
评议工作带来的能力提升 ... 016

· i ·

评议对职业生涯的好处 025
总　结 027

第三章
对优秀评议人的期待：5R　　　029
角　色 033
责　任 034
回　复 036
反　应 037
尊　重 038

第四章
起步和评议模板　　　039
起　步 041
注意第一印象 042
评议的开头：对研究进行简要总结（1～2句） 044
第二步：总结论文的优点（1～2句） 045
评议的主要内容：确定主要关注点 046
评议的流程和风格 048
评议的结尾：容易修改的小问题 052

第五章

评议引言部分   **055**

    定 位   058

    动机和文献空白   059

    研究问题   060

    贡 献   061

    一般考虑   061

    社交策略的评议人评论   062

    投资组合管理的评议人评论   064

第六章

评议理论背景、文献综述和提出假设部分   **067**

    观念和概念定义   071

    理论视角   072

    文献综述   072

    定量研究（检验理论）论文的特殊考虑   073

    一般考虑   074

    社交策略的评议人评论   074

    投资组合管理的评议人评论   078

第七章

评议研究方法　　　081

- 总体研究设计　　　087
- 定量研究（检验理论）论文的特殊考虑　　　088
- 定性研究（提出理论）论文的特殊考虑　　　090
- 方法评议：学习机会　　　092
- 社交策略的评议人评论　　　093
- 投资组合管理的评议人评论　　　095

第八章

评议研究结果　　　099

- 定量（检验理论）研究的特殊考虑　　　103
- 定性（提出理论）研究的特殊考虑　　　105
- 注意可能出现的道德违规和学术不端行为　　　108
- 社交策略的评议人评论　　　110
- 投资组合管理的评议人评论　　　111

第九章

评议讨论与影响　　　115

- 讨论——解释研究发现　　　118
- 影　响　　　119
- 影响的贡献　　　119

一般考虑 121
　社交策略的评议人评论 122
　投资组合管理的评议人评论 124

第十章
后续修改轮次 127
　责　任 129
　回　复 131
　反　应 134

第十一章
同行评议的现在和未来 137
　传统的同行评议过程 138
　新型同行评议 140
　变化的评议人资质 146
　结尾：同行评议的未来 147

附录 1
定量研究方法示例文章 151
　引　言 151
　理论框架和假设 154

方　法	161
研究发现	169
讨　论	173
部分参考文献	179

附录 2

定性研究方法示例文章　　　　　　　　**181**

引　言	181
文献综述	184
方　法	190
讨　论	212
部分参考文献	218

致　谢	221
参考文献	223

图目录

图 A.1.1　研究模型　161

图 A.2.1　数据收集结构　193

图 A.2.2　投资组合决策一般结构模型　197

图 A.2.3　信任与投资组合决策的间接关系　207

图 A.2.4　集体抱负与投资组合决策的间接关系　209

图 A.2.5　领导风格与投资组合决策的间接关系　210

表目录

表 2.1	同行评议中的自我提升潜力	017
表 3.1	受众对优秀评议人的期待	031
表 A.1.1	调查样本的构成	162
表 A.1.2	变量和调查题目	164
表 A.1.3	自变量的合成信度和平均提取方差值,变量的平均值和两两相关系数	168
表 A.1.4	结构方程模型的结果	170
表 A.1.5	多组结构方程模型的结果	174
表 A.2.1	案例样本	192
表 A.2.2	收集到的数据	193

框目录

框 4.1	评议模板	043
框 4.2	评议小问题检查清单	053
框 5.1	引言部分要考虑的问题	056
框 6.1	理论、文献综述和提出假设部分要考虑的问题	068
框 7.1	评议研究方法时要考虑的问题	084
框 8.1	评议结果部分时要考虑的问题	101
框 9.1	评议讨论与影响部分时要考虑的具体问题	117
框 11.1	开放同行评议的 7 个特征	143

引　言

本书是对社会科学（尤其是管理学）学术期刊的投稿进行同行评议的实用指南。虽然本书的目标受众是初级科研人员和博士生，但是我认为，经验丰富的评议人也能从中发现有价值的内容。

本书实际上是由一篇发表于《营销科学院评论》（*Academy of Marketing Science Review, AMSR*）（Griffin and Barczak, 2020）的有关评议概念性文稿的文章扩展而成的，论文内容与评论概念性稿件有关。尤其是本书的第 1 章至第 4 章，是基于那篇论文的观点和概念写成的，但是进行了大量扩展，增加了更多细节和信息。同时，本书的重点是评议实证研究，包括定性研究和定量研究，而不仅是评议概念性文章。最后，本书还提供了后续轮次评议的建议（第 10 章）和对评议的未来的看法（第 11 章），而这点也是《营销科学院评论》上的文章所没有的。

同行评议是指某个特定研究领域的专家在一篇学术文章发

表前对其进行评议和审查（Allen et al., 2018; Kelly et al., 2014; Pierson, 2015）。在传统的同行评议体系中，"同行"是指具备某个专业的文凭（通常是博士学位）和多年学科工作经验的人（Fitzpatrick and Santo, 2012）。

同行评议具有三个方面的功能：筛除低质量稿件、提高拟发表稿件的质量（Kelly et al., 2014）、帮助编辑筛选期刊读者最感兴趣的稿件（Stiller-Reeve, 2018）。优秀评议人会鉴别出缺乏创新性、无重要贡献以及缺乏科学严谨性的低质量稿件。即使面对被拒的稿件，优秀评议人也能为其提供修改建议，解决沟通质量、细节呈现、方法验证和错误更正等方面的问题。

同行评议历史悠久，最早可以追溯到古希腊时期，当时评估的一般是书面作品（Kelly et al., 2014）。将同行评议确立为正式规范的第一本学术期刊是创办于1665年的《皇家学会哲学汇刊》（Philosophical Transactions of the Royal Society）（Elsevier, 2020b; Kelly et al., 2014）。但是，在最近的一篇文章中，梅琳达·鲍德温（Melinda Baldwin, 2018）表示，同行评议的历史"已经表明，评议最初并不被视为能提高科学信度的流程。而且直到20世纪，很多知名期刊和资助机构一直没有（或不存在）系统的评议过程"（Baldwin, 2018, p. 539）。她进一步表示，我们当前认为的对科研至关重要的同行评议，它的历史只能追溯到冷战时期（Baldwin, 2018）。无论如何，同行评议如今为期刊提供了合法性，开始具有同等的学术价值，并被当作期刊提升的一种手段（Tennant, 2018）。

如今的现实情况是，全球科研质量已经显著提升，大多数期刊和编辑都更加依赖同行评议筛选出严谨的和质量合格的学术研究成果。据 Publons（2018）的一项调查报告显示，自 2013 年起，全球发表的论文数量年增长率为 2.6%，而提交的论文数量年增长率为 6.1%。很明显，在这种情况下，编辑团队无法（也或许不愿意）自行做出发表决策。因此，让评议人来把关就变得愈发重要，有助于判定提交给科学期刊的研究的质量和可信度。

同行评议为何重要？在一项全球调查中，90% 的受访者表示，同行评议能"提升研究的整体质量"（Elsevier and Sense About Science, 2019, p. 9）。85% 的受访者表示，要是没有同行评议的话，"科学交流就会不受控制"（Elsevier and Sense About Science, 2019, p. 5）。Publons（2018, p. 9）也有类似发现：98% 的受访者认为，同行评议"对确保学术交流的整体质量和诚信"重要或十分重要。

谈到对同行评议的满意度，大多数作者对整个过程表示满意。出版研究联合会（the Publishing Research Consortium, PRC）在最近的一次调查中发现，65% 的作者对同行评议制度表示满意，且在 2007 年至 2015 年期间，满意度没有出现重大变化（Ware, 2016）。爱思唯尔（Elsevier）[①]和"科学认知"（Sense About Science, SAS）[②]在 2019 年进行的一项联合调查中发现，满意度实际上从 2009 年的 69% 上升到 2019 年的 75%（Elsevier and Sense

---

① 爱思唯尔是一家荷兰的国际化多媒体出版集团，主要为科学家、研究人员、学生、医学以及信息处理的专业人士提供信息产品和革新性工具。——编者注
② 一个独立的慈善信托机构，旨在促进公众对健全科学和证据的兴趣。成立于 2002 年，Sense About Science 与决策者、世界领先的研究人员和社区团体合作，提高公共生活中的证据标准。——编者注

About Science, 2019）。

但是，人们对同行评议的批评从未停止。《美国医学会杂志》（*Journal of the American Medical Association, JAMA*）发表的一项研究表明："编辑同行评议尽管被普遍采用，但是很大程度上未得到检验，它的效果是不确定的（Jefferson et al., 2002）。"有人认为，同行评议无法有效发现错误、剽窃或欺诈（Kelly et al., 2014）。例如，出版研究联合会的调查发现，分别只有41%和44%的受访者认为同行评议能够发现欺诈和剽窃（Ware, 2016）。还有人认为，同行评议流程耗时太长（Tennant, 2018），从而耽误了重要研究成果的传播（Kelly et al., 2014）。有人说，同行评议使研究者无法提出创新型研究观点和问题（Brezis and Birukou, 2020; Kelly et al., 2014），因为评议人往往专注于某个特定领域，遵循该领域内的期望和价值观（Brezis and Birukou, 2020）。其他的批评包括：没有清晰的指南说明该如何进行评议（Mulligan et al., 2013; Tennant, 2018）；人们对这项几乎可以说是"志愿"的服务缺乏认可（Warne, 2016）。

威胁到同行评议流程可持续性的一项批评意见是：具备评议能力的人数有限（Kelly et al., 2014）。但是，科瓦尼斯等人（Kovanis et al., 2016）用数学建模得出结论：2015年，评议人的数量超出需求15%～249%。但是，这些作者接着又说，真正的问题是评议工作的不平衡。据估计，10%的评议人完成了50%的评议（Publons, 2018）。在生物医学领域，科瓦尼斯等人（Kovanis et al., 2016）估计，20%的评议人完成了69%～94%的评议。沃恩（Warne, 2016）发现，49%的评议人在为至少5份期刊承担评议工作。

不出所料，另一项不平衡是评议工作中存在的性别偏见。由于大多数期刊和出版商不统计性别信息（Lerback and Hanson, 2017），Publons（2018）于是利用算法估计得出结论：同行评议中的女性少于男性。勒巴克和汉森（Lerback and Hanson, 2017）在一项研究中调查了美国地球物理学会（American Geophysical Union, AGU）所出版的期刊中的作者和评议人的性别。结果发现，女性担任评议人的比例要低于女性在 AGU 中的会员比例。他们发现，主要原因是，跟男性相比，女性不大可能成为作者心目中理想的评议人人选，编辑也不大可能邀请她们评议（Lerback and Hanson, 2017）。

评议工作还存在地区不平衡。美国研究者的评议数量超过美国作者在全球发表的论文数量。实际上，美国在同行评议中占统治地位，而且从整体来看，相对于产出，发达地区比新兴地区承担的同行评议数量更多（Publons, 2018）。相比较而言，中国研究者发表的学术成果数量是评议数量的两倍（Warne, 2016）。另外，虽然大体而言，新兴地区的研究者比发达国家的同行更有可能接受审稿邀请，但是他们的评议往往字数较少（Publons, 2018）。

最后，不出所料的是，初级科研人员在同行评议体系中的代表性也不充分，因为他们通常不认为同行评议能帮助自己提升某些必要技能（McNair et al., 2019）。但是，我们（第 2 章）和其他一些人认为，同行评议具有重要的教育价值，尤其是对初级科研人员而言。实际上，杰克逊等人（Jackson et al., 2018）表示，"同行评议更像是一种教育学"。出于教育目的，每个月收到的审稿邀请低于4份的导师要比超过4份的导师更有可能让初级科研人员参与同行评议（McNair et al., 2019）。该研究还发现，初级科研人员认为，同行评议的主要学习效益是能锻炼批判性思维和期刊文体写作能力（McNair et al., 2019）。另一项调查结果显示，有将近54%的初级科研人员参与过同行评议，其中65%认为，他们能从别人的错误中吸取教训（Jamali et al., 2020）。

总体而言，评议人在性别、来源国和职业阶段等方面的不平等，导致一小群志愿评议人要顶着压力，满足不断增长的高质量同行评议需求（Kovanis et al., 2016）。75%的编辑表示："编辑工作中最难的事情是寻找评议人并让他们接受审稿邀请（Publons, 2018, p. 27）。"实际上，2017年，编辑平均要发送2.4次审稿邀请，评议才会被接受，而2013年为1.9次（Publons, 2018）。据估计，按照这种增长速度，到2025年，每次评议要发送3.6次审稿邀请（Publons, 2018）。

那么，有什么解决办法呢？我们认为，解决办法是指导所有当前的（和潜在的）评议人高效地提供高质量的、具有建设性的评议（Elsevier and Sense About Science, 2019; Spot on Report, 2017; Warne, 2016）。在Publons的调查中，88%的受访者表示"同行评议培训重要或极其重要"；80%的受访者认为，"增加同行评议培训会对提高同行评议流程的整体效率起到积极或十分积极的影响"（Publons, 2018, p. 47）。爱思唯尔和"科学认知"的调查结果支持了这些观点：66%的受访者表示，需要为评议人提供清晰指南，而37%的受访者表示，应该提供正式培训（Elsevier and Sense About Science, 2019）。

但是，根据我们担任期刊编辑（而且得到其他编辑认可）的经验，在任何学科中，很少有研究者接受过关于如何有效从事同行评议的培训（Benos et al., 2003; Rojewski and Domenico, 2005）。大约39%的受访者表示，他们"从未接受过任何同行评议培训"（Publons, 2018, p. 14）。研究者采用以下方式，而非正式培训，获得某种指导：自选读物、期刊指南、国际出版伦理委员会（Committee on Publication Ethics, COPE）指南、导师及同行的非正式建议（COPE, 2019; Publons, 2018; Warne, 2016）。但是，很多研究者对培训感兴趣。沃恩（Warne, 2016）的研究表明，77%的受访者表示"有兴趣接受进一步培训"，而Publons（2018）发现，有将近45%的研究者想要接受关于如何从事同行评议的培训。

为了回应培训的需求，爱思唯尔、Publons、"科学认知"和美国化学学会（American Chemical Society, ACS）现在提供同行评议培训课程（McDowell et al., 2019）[①]，有的还发放证书。我们还利用本书所制定的规范，给大学和学术团体提供为期一天的线下同行评议工作坊；用期刊实际投稿的论文节选和案例，实时讨论评议人该如何回应。本书采用了我们工作坊的整体结构和内容。我们以自己熟悉的真实期刊论文为例（见附录1和附录2），展示可以为论文的每个部分提出哪些建设性意见。

在第1章中，我们定义了"高质量评议"。评议人用短短几行文字表达喜欢/不喜欢/拒绝，或者宣扬评议人自身研究的评

[①] McDowell et al.（2019, pp. 20—21）提供了一份更详尽的同行评议培训课供应方列表。——原注

议意见，这么做对编辑或编辑团队毫无帮助。他们需要提供"高质量评议"，对提交的论文做出最佳、最公平的决定。本章节拆分了定义中的关键短语并进行详尽阐述，强调每个短语的重要性。这样做是为所有评议人打下基础，让他们在开启评议流程时掌握正确的观点。

第2章讨论了评议给评议人带来的好处，即"What's in it for me"，简称"WIIFM"。这些好处对成熟的评议人而言可能显而易见。但是，初级科研人员和博士生可能会对此感到惊讶。这章同时还提到了评议的弊端——耗费时间和精力。令评议人一直乐此不疲的是，为自己所在研究领域的期刊评议论文，能了解最新的理论、方法和进展，从而推动自己的研究。

第3章聚焦于我们所谓的评议中的"5R"，即角色（roles）、责任（responsibilities）、回复（responses）、反应（reactions）和尊重（respect）。我们探讨了每个"R"的含义，以及如何用其引导自己的评议行为。

第4章提供了一个同行评议模板，以指导读者通过一个可重复的过程来开展评议和撰写同行评议意见，并给出开始评议的建议。这章接下来的内容就有些个人化了：需要承认的是，随着时间的推移，每个评议人都会形成自身的流程和回复"风格"，同时我们也提到了自己的流程和对自身个人风格的认知。这章的结尾提供了一个问题检查清单，列举了评议人通常会在评论的末尾提供的容易修改的小错误，如语法和输入错误。

第5章至第9章深入探讨了论文的主要部分：引言、理论与文献综述、方法、结果、讨论与影响。每一章都提供了一个问题清单和相应的详细问题以供读者明确考虑。在文中，我们阐述这些问题并提供指南，让读者知道在论文每个部分的每个主要问题类别中有哪些注意事项。在适当的时候，我们还强调了定性研究和定量研究论文中问题的区别。每个章节使用一篇定量研究论文和一篇定性研究论文（见附录1和附录2）作为案例，结尾部分附有评议人可能提供的意见和编辑对这些意见的综合。为了检验这些意见，本书的两位作者都以匿名评议人的身份独立评价了每份论文的每个部分，写下对该部分的意见。我们这样做是出于实用和保密原因，我们无法使用这些论文的实际评议意见。每位作者都是其中一篇示例论文的合著者（格洛丽亚——社交策略；阿比——资产组合管理），因此可能会对论文存在偏见。对每篇论文进行双重评议，可以让读者发现不同的评议人是如何评议同一篇论文的同一部分的。

第5章重点关注引言部分，其中包括论文的定位、理论和文献空白以及论文的贡献。第6章介绍理论和文献综述部分，在定量研究论文中，还加入了提出假设部分。第7章强调方法问题，包括样本、数据收集、数据分析和信度效度问题，其中还谈到了人们对定性研究和定量研究方法的期待有哪些区别。第8章聚焦结果部分，评议人需要评估结果中的文本、表格和视觉信息，从而评估结果的完整性、准确性、一致性、可信度和意义。我们同样特别考虑了定性研究结果与定量研究结果的区别。第9章介绍了讨论与影响部分，并对这两个部分做了区分。具体而言，讨论部分是对结果进行解释，需要将结果与之前的结果和理论进行对比和比较；而影响部分聚焦于研究结果在理论、实践或政策层面对期刊受众的重要性。

第10章提供了论文第2轮、第3轮等的修改建议和在这些轮次中需要考虑的问题。本章特别聚焦于5R中的3个——责任、回复和反应——因为它们跟这些后续轮次相关。

本书结尾部分概述了同行评议中出现的新趋势，区分了两种新方法：一种针对同行评议质量和稀缺性的一般批评，另一种针对同行评议的透明度。

我们写作本书的缘由，要追溯到我们担任某个创始期刊的主编和副主编的时候。我们知道，在过去几年里，要为每篇论文找到两位评议人都很难，更别说三位了。有时候，副主编们要发出八九份甚至更多邀请，才能找到两位接受邀请。接下来，你只能希望他们及时完成评议。

在这种甚至连一位评议人都很难找到的情况中，就不太可能保证每位评议人都具备评议特定论文所需的专业知识。因此，我们在2018年11月为某个小型学术会议开办了长达一个半小时的工作坊。注册人数仅为十一人，但是到场的人数是注册人数的四倍，包括我们领域内的一些杰出和资深学者。从那一刻起，我们终于明白，我们找到了学术界的真实需求。

接下来，我们开办了一场为期一天的工作坊，在德国的一所大学面向初级科研人员开放。我们进一步为其他会议开办了短期工作坊，并于2019年在美国管理学会举办。在成功举办一些短期和长期工作坊后，我们开始主要在欧洲大学的学院里推广我们为期一天的工作坊，并开始组织访问其中一些学院。我们还根据工作坊的内容，撰写并发表了一篇文章，介绍《营销科学院评论》中概念性文章的评议流程（Griffin and Barczak, 2020）。2019年，爱德华·埃尔加出版社（Edward Elgar Publishing）看见我们于波士顿举办的管理学大会上的工作坊通知，于是联系我们，询问我们是否有兴趣写一本关于如何进行同行评议的著作。这一询问和后续讨论才使本书最终面世。

我们希望读者能从本书中获取有用的信息，并将其推荐给自己的同行和同学。

第一章

什么是高质量评议

评议和"高质量"评议是有区别的。作为编辑团队成员，我们曾看见评议人只提供一两句评论，建议拒绝或有条件接受初投的论文。尽管有的论文在第一轮评议中就有可能被接受，但是绝大多数论文都需要额外修改才能达到可发表的程度，甚至连最终获奖的论文也不例外。因此，通常情况下，尤其是在第一轮评议中，无论建议采取哪种决策，只提供一两句或者一小段评论，对作者和编辑团队都没有用。

不幸的是，要判定什么是高质量评议，期刊指南起不到多大作用。最近有一项研究调查了46份管理学期刊在评议人指南中提供的说明。不出所料，研究发现，期刊的评价标准和评议人指南都存在巨大差异（Seeber, 2020）。排名靠后的期刊往往使用标准清单，而排名靠前的期刊更依赖书面评价。类似的，跟排名靠后的期刊相比，排名靠前的期刊更有兴趣发表有重大贡献的论文，很少提供入门级指南（例如，关于评论的考量标准的指南），而是会提供更多起到改进作用的指南（例如，论文该如何改进）（Seeber, 2020）。

再者，不同学科会采用不同的标准评价论文。例如，人文与社会科学的评议人往往更注重创新性、研究对该领域知识的贡献、论据的深度和说服力以及传达所有这些元素的能力。而在科学领域，重点在于"结果证明或者方法验证"（Fitzpatrick and Santo, 2012, p. 7）。

类似的，排名不同的期刊也会强调不同的标准。西伯（Seeber, 2020）发现，排名靠前的期刊往往会让评议人评估论文的理论贡献，而排名靠后的期刊更有可能让评议人评估论文的实践意义（Seeber, 2020）。

有人认为，各种各样的标准会阻碍科研诚信。所谓科研诚信，在某种程度上是指"提出、实施和报道研究时的智力诚信"［National Research Council and Institute of Medicine (US) Committee on Assessing Integrity in Research Environments, 2002］。因此，在有些人看来，重点不是研究是否增加了新知识（研究对学科的重要性），而是研究是否合理、严格（Elsevier and Sense about Science, 2019; Horbach and Halfmann, 2018）。支持后一观点的人认为，强调研究方法的有效性，能够让负结果、零结果和复现研究得以发表（Horbach and Halfmann, 2018）。另外，它还能阻止作者操控或夸大研究结果（Horbach and Halfmann, 2018）。批评者认为，这种方法可能会导致不重要的论文发表数量猛增（Elsevier and Sense About Science, 2019），诱导作者或期刊不负责任地发表大量论文（Horbach and Halfmann, 2018）。

为了回应人们在科研诚信方面的担忧，2016年发行的《公共科学图书馆：综合》（*PLOS ONE*）要求评议人重点关注研究的合理性，包括方法、结果和结果报告（PLOS ONE, 2020）。随后，BMJ Open[①]和 SAGE Open 等期刊也采取了相同方法。最近，2013年发行的 F1000[②]也建议评议人在评价论文时考虑它们是否在科学上站得住脚（F1000, 2012）。

因此，既然有这些不同的标准，那么到底怎样才算是高质量评议？

高质量评议的定义

我们的定义适用于所有学科的评议人，不同于各学科强调的具体标准。我们将高质量评议定义为：

> 对可改正的问题和硬伤提供周到的反馈和建设性意见，对如何在期刊的知识领域内更好地定位和传达研究目的、设计、实施和贡献提出建议，评议人应只关注自己擅长的论文内容，而且评议要及时。（Griffin and Barczak, 2020, p. 37）

接下来，我们会详细介绍该定义中的重点短语。

[①] BMJ 全称为 The British Medical Journal，《英国医学期刊》。——编者注
[②] 全球最大的由医学和生物学专家组成，为科研人员和临床医生提供快速发现、评价和发表为一体的综合服务系统。——编者注

周到的反馈和建设性意见

周到的反馈和建设性意见，是指评议人要尽量客观地评价论文，避免个人对特定理论或方法的偏好（Allen et al., 2019; COPE, 2019; Elsevier, 2019b），并提供作者可以采纳的有用意见。

所有评议人都有个人观点和偏好，这会妨碍他们在评价论文时保持客观性。至关重要的是，评议人要意识到个人偏好的存在，在评议时摒弃个人偏好（COPE, 2019）。同样，优秀评议人也不会要求作者引用评议人的研究成果，除非其与正在评议的研究特别相关（COPE, 2019）。评议不是为了提升自身研究成果的曝光量和引用次数，而是帮助另一名研究者最大限度地做好研究及其解读（COPE, 2019）。

建设性意见能具体指出论文的优缺点，引用论文中的例子阐明自身的观点（COPE, 2019）。具有建设性是指评议人在强调论文的缺陷时，还能告诉作者该如何处理这些缺陷（Lee, 1995; Lucey, 2013; Lynch, 1998; MacInnis, 2003; Smith, 2003; Taylor, 2003）。具体而言，优秀评议人会提供不止一种选择，告诉作者该如何解决每个缺陷，避免要求作者用"唯一正确选项"修改论文。指示前进方向并不是评议人的职责所在（Lehmann and Winer, 2017）。作者对自身的研究最为熟悉，他们需要评估评议人提供的潜在解决方案，决定解决每个缺陷的最佳方法。

可改正的问题和硬伤

评议人在指出论文的缺陷时，要明确指出哪些缺陷是可改正的，哪些是硬伤。显而易见的硬伤常常涉及无法更改的方法问题，除非作者收集全新的数据，甚至是重新设计整个研究项目。但是，其他潜在的硬伤还包括研究的问题乏味，或是对新知识没有贡献。但是，即使在这种情况下，优秀评议人也能提供建设性意见，告知作者该如何采用不同方法克服这种硬伤（Allen et al., 2019; Lee, 1995）。

优秀评议人会提供反馈意见，告诉作者要做出哪些改变来解决可改正的问题。但是，这并不意味着需要重新设计研究。修改与重做之间的界线很难把握。一方面，评议人的职责是提供改进研究的建议，可能是为开发一个更简单（或更复杂）的概念模型做出足够的贡献，收集额外数据确保分析的稳健性或采用更合适的分析技术。这些都可能是评议人的正当要求。另一方面，评议人不应当因为自己偏爱某个特定的方法或分析程序，就要求作者采用；或者在当前研究问题对该领域的贡献已达到发表要求时，要求作者探讨新的研究问题。请记住，优秀评议人是合作者，而不是合著者（Lucey, 2013; Lynch, 1998; Singh, 2003）。论文属于作者的研究成果，作者最终应该对论文的内容和进展（或缺乏进展）负责。

对如何在期刊领域内更好地定位和传达研究的目的、设计、实施和贡献的建议

特别是在论文初投阶段,评议人发现的很多问题往往与语言不清晰、缺乏信息和细节有关。

文章中的术语对读者理解作者想要传达的内容至关重要。优秀评议人往往会关注术语定义是否清晰,用法是否跟期刊发表过的论文一致。尽管所有论文都要求术语定义清晰、用法一致,但是这些要求对概念性或理论性论文而言尤其重要。优秀评议人会具体告知哪里需要补充额外信息,需要补充哪些额外信息,从而澄清他们对研究的理解。

有效的评议能帮助作者确保他们的研究在特定期刊和更广泛的文献中找准定位,为实现这一目标提供一个或多个途径的具体指导。在研究的贡献方面也是如此。但是,这并不意味着优秀评议人要重写论文。如前文所述,评议人不是合著者。作为优秀评议人,你必须接受这一现实:作者可能不会像你那样写作或者表达自身的观点。

只关注自己擅长的论文内容

评议人具有不同的学术背景和观点。因此,在同行评议的过程中,邀请多个评议人至关重要。哪怕是优秀评议人,我们也不能期望他们对论文的方方面面都了如指掌(CSE, 2018; Nichols and Sasser, 2014; Pierson, 2015; Singh, 2003)。编辑团队之所以要

邀请多个评议人，其中一个原因是，一名评议人可能具备相关领域的知识（如创新），而另一名评议人可能对论文中采用的研究方法（如定性或定量）更擅长。优秀评议人会对论文中自己有把握和精通的内容提供建议。再者，优秀评议人还会告知编辑团队，他们的评议意见重点关注了哪些内容，没有关注哪些内容，并说明理由。有时候，评议人无法对论文后面的部分（如讨论部分）提供建议，因为前面的部分（如方法部分）还需要额外信息。

理想情况下，编辑团队在挑选一组评议人时，既要知道每个评议人的专长，也要保证这组评议人能集体对论文的所有部分提供建设性意见（Rojewski and Domenico, 2005）。

及　时

每位学者都曾提交过供评议的论文，然后苦等了数月后却杳无音信。及时回复是指要在期刊提供的截止日期前提交评议（Allen et al., 2019; CSE, 2018; Elsevier, 2019b; Lehmann and Winer, 2017; MacInnis, 2003）。社会科学和管理学期刊的编辑给出的最常见的评议时间是4～8周。但是，Publons（2018）发现，所有学科（包括硬科学）评议时间的中位数（从接受邀请开始计算）是16.4天，平均数是19.1天。我们在2010年代担任某个管理学期刊的编辑时，平均回复时间是6周，平均评议时间是42天，不过，最近的平均回复时间减少到了4周，平均评议时间减少到了28天。

但是，撰写高质量的、有建设性的评议十分耗费时间和脑力。一项调查显示，每篇论文的平均评议时间为 8.4 小时，中位数是 5 小时（Ware, 2016）。优秀评议人理解并赞同，阅读论文并撰写具有说服力和建设性的评论需要一定的时间。优秀评议人在接受审稿邀请前，会确认自己是否能在给定的期限内提交高质量评议。如果不能，那么他们就会迅速拒绝邀请，这样编辑团队就能寻找替代者。评议人如果不迅速回复审稿邀请的话，就会耽误作者的整个评议流程。评议人要是不按截止日期提交评论，或更糟的是甚至根本不回复编辑团队的提醒邮件，这样就会耽误发表流程，甚至会造成质量问题。如果评议人总是晚交评议意见，那么身为编辑，我们会将他们移出我们的编辑评议委员会，甚至根本不让他们继续为我们的期刊审稿。

书面意见要跟评议建议相一致

评议人在提交的评议中既要提供书面意见，也要提供明确的评议建议：有条件接受、修改并重投、拒绝。编辑团队主要依靠评议人的书面意见对论文做出决定并提供正当理由。尤其是当评议人给出的接受、拒绝或修改建议跟书面意见不一致时，提供正当的理由就变得更有挑战性。例如，如果一名评议人建议拒绝论文，那么编辑和作者就应该看到，评议人的报告里提到了至少一处硬伤（例如方法、贡献），为他给出的拒绝建议提供了正当理由。如果评议人指出的所有问题都可以改正，那么编辑团队就会感到困惑：为何评议人不做出"修改并重投"的决定？同时，编辑不得不花费更多精力做出适当的决定。优秀评议人不管做出什么决定，都会为作者提供有帮助的高质量评议，还能为编辑团队提供证据，以告诉作者他们的决定为何是公正公平的。

第二章

同行评议能为评议人提供什么

学者们一致认为，有效的同行评议有助于推动学科进步，影响学科未来的发展方向（Allen et al., 2018; Elsevier, 2019a; Ostrom, 2003）。评议人充当把关者的角色，决定某项研究成果是否具有适当的严谨性，论文最终增加的知识是否值得向科学界广泛传播（Elsevier, 2019a; Lynch, 1998; Rojewski and Domenico, 2005）。

但是，我们不得不面对现实：周到的评议需要时间和精力。时间和精力对所有学者而言都是稀缺的，尤其是那些初级科研人员。初级科研人员对提供有效的同行评议感到最陌生，因此也有可能效率最低下。他们首先要学习如何提供有效的评议，然后才能花时间做同行评议。实际上，Publons（2018）的调查发现，因为学者太过忙碌，编辑发送的审稿邀请中有42%遭到拒绝。学者只有获得足够的回报，才有动力去学习如何做同行评议，欣然地接受邀约并履行评议职责。

本章详细讲述了学者从事有效的同行评议可能获得的4种不同的短期和长期回报（Lee, 1995）：财务回报、个人成就、提升自身能力、增强自身职业生涯优势。其中最重要的是提升自身能力，其次是增强自身职业生涯优势。

评议的财务回报

阿马比尔（Amabile, 1998）研究了外在与内在回报的激励效果，结果发现，在这4类回报中，外在的**财务回报**可能最不重要。最近的一项调查支持了她的研究结果。调查结果显示，只有28%的受访者想要获得评议工作的财务回报（Elsevier and Sense About Science, 2019）。财务回报通常有4种类型：直接汇款、版面费打折、某段时间内免费获取期刊论文和从出版商的目录中选择一种或多种书刊。

有些期刊，甚至是少数著名期刊，会给某些评议提供酬劳。最著名的是美国经济学会（American Economic Association, AEA）的期刊，包括著名的《美国经济评论》（*American Economic Review*），会奖励100美元给"及时的报告"（AEA, 2020）。《医学互联网研究杂志》（*Journal of Medical Internet Research, JMIR*）提供"评议模型，可能会付费让挑选出的评议人提供高质量、快速的同行评议意见"，前提是投稿作者为"快速发表通道"支付了额外的出版费。所有被接收的论文在发表时还要收取论文加工费（*JMIR*, 2020）。国际科学技术与教育研究会（International Institute for Science, Technology and Education, IISTE）的大量期刊都出现在比尔（Beall）声称的掠夺性的在线开放获取期刊和出版商名录中，这些期刊会给评议人的一次评议支付60～100美元。但是，他们也向作者收取版面费，每篇论文超过150美元（IISTE, 2020）。

然而，目前为止，除了美国经济学会的期刊之外，没有哪个顶级商业期刊为评议人支付审稿费用，或向作者收取版面费，除了那些由作者选择的或者资助机构要求以"开放获取"方式发表的论文。作者们为获得声望，会向美国经济学会的这些期刊提交论文，而期刊的商业模式（主要）依靠机构订阅、非订阅式下载费和广告收益盈利。

学者们（尤其是初级科研人员）应当仔细衡量自己投入的时间与提供高质量评议收取的回报：如果期刊支付 100 美元，审稿要花 4 个小时，那么时薪就相当于 25 美元；如果花上 6 个小时才完成审稿的话，时薪就只有 16.67 美元了。研究人员在决定是否接受审稿邀请时，还会考虑期刊的声望。尤其是跟那些商业模式主要靠作者付费的期刊打交道时，考虑到在这些期刊上发表论文或为它们做评议投入的时间和精力，实际的合作可能不会给研究人员的职业生涯带来多少好处。

人们呼吁给同行评议工作提供更多认可。作为回应，一些出版商会在某段时间内向期刊评议人免费开放整个期刊合集，并打折出售书籍。例如，塞奇出版公司会将期刊免费向评议人开放 60 天，并以 75 折价格出售书籍（Sage Publishers, 2020）。但是，我们不清楚这些回报是否充足，因为相比于实物回报，评议人更想获得编辑的反馈和对其评议的认可（Warne, 2016）。

从评议中获得的个人成就感

评议的第二个主要动机是从中获得**个人成就感**。成就感之所以会油然而生，是因为评议工作的以下方面会让人感觉良好：享受这项任务、为这份职业履行职责、采取利他行为或满足自己的好奇心。

没错，至少有一些学者很喜欢评议。在韦尔（Ware, 2016）的一项调查中，72%的受访者表示，他们"喜欢阅读出版前的新论文"，而83%的受访者表示，他们"享受有能力帮助改进论文的感觉"（Ware, 2016, p. 36）。尤其是对资深学者而言，为期刊做评议工作是另一种形式的指导，尽管这种指导是匿名的。

国际出版伦理委员会（Committee on Publication Ethics, COPE, 2019）和无数学者都表示，应当承担同行评议工作以作为自己的论文得到评议的回报（Allen et al., 2018; Elsevier, 2019b; Lynch, 1998; Pierson, 2015; Priem and Rasheed, 2006; Warne, 2016）。有人甚至将同行评议视为一种"荣幸"（Rojewski and Domenico, 2005）。在韦尔（Ware, 2016）的调查中，74%的受访者表示，他们参与评议是为了"回馈他人的评议工作"（p. 36）。在"科学认知"的调查中，居然有高达90%的受访者表示，他们参与评议，是因为他们"在学术界十分活跃"（Sense About Science, 2009, p. 7）。我们可以把受访者的意思理解为参与评议既是为了履行职责，也是出于利他的动机。履行这些社会契约会让人们自我感觉良好。

最后，一些评议人在评议特定领域的论文时获得的愉悦感，来自他们对论文主题的职业兴趣，甚至是个人兴趣。在多轮评议中，当作者将针对评议人意见做出的深思熟虑的、开放的回复转化为学术交流时，这种愉悦感可能会更加强烈（Singh, 2003）。因此，对评议人而言，本来可能是件苦差事的评议工作反而变成了愉快的学习机会。

评议工作带来的能力提升

参与评议的第三个也是最重要的原因是，它能**提升自身能力和学到东西**，通常跟做研究、研究的实施和研究的解释有关（Elsevier, 2015; Taylor, 2003）。在审稿时，评议人进入学习模式，能显著提升自己论文发表成功的概率。即便是最终获奖的期刊论文，在发表前也有缺陷和薄弱方面需要加以改进或消除。例如，本书自始至终都使用凯斯特等人（Kester et al., 2011）初投的论文（见附录2）来说明这一点。经过多轮修改后，这篇论文最终被当作采用定性研究方法的"研究典范"（Goffin et al., 2019）。但是，要达成这一目标，需要多轮修改来处理深思熟虑的评议人给出的意见。

评议人可以直接通过阅读和评议论文、留意其他评议人和编辑的意见、仔细考虑作者对修改意见的回复来学习。表2.1详细介绍了有效的评议将如何提升评议人的能力。

提升一般能力

一般学习能力总体可以分为四大类：提高批判性思维能力；增长关于如何进行有效评议的知识；增长关于作者如何有效回复评议的知识；获取关于期刊和编辑立场的知识。

表 2.1 同行评议中的自我提升潜力

从评议中学习	从他人评议和编辑决策中学习	从作者回复中学习
提升一般能力		
提高批判性思维能力	他人是如何评议的：接触有效评议和无效评议的案例	处理批评的有效和无效方式
构建逻辑论证	建设性的与无益的评论方式	如何有效回复评议人意见
区分硬伤、必要改进和不重要的修改	熟悉期刊的领域和编辑的立场	
提升研究实施能力		
提出重要的研究问题	什么是硬伤	该怎样及时回应评议人关注的问题
贡献的构成：理论、管理	贡献的构成：理论、管理	在相互冲突的评议人请求中做取舍
新的研究方法	如何避免一般性研究错误	
方法更改	方法更改	方法更改

续 表

从评议中学习	从他人评议和编辑决策中学习	从作者回复中学习
方法严谨性的新标准	方法严谨性的新标准	方法严谨性的新标准
新领域/理论知识	新领域/理论知识	
提升研究解释能力（写作）		
什么是"完整的"研究论文	什么是"完整的"研究论文	提供非自卫式评议人回复
撰写激励人心的引言	对论文每部分内容的期待	在相互冲突的评议人请求中做取舍
如何有效地对研究进行定位	特定领域/期刊的语义标准	
如何提出清晰、明确的假设	避免评议人"经常抱怨的问题"	
如何清晰地呈现结果		
构建符合逻辑、清晰、简洁的段落和句子		
构建独立易懂的图表		

提高批判性思维能力

学会如何识别论文中的缺陷与问题并就研究者克服论文初稿的弱点提供建设性意见，需要具备批判性思维能力（McNair et al., 2019）。批判性思维要求人们去思考在识别文献空白或提出假设时什么能什么不能构成逻辑论证，在确保方法的严谨性和带来重大贡献或潜在的管理影响之间如何做出取舍，区分硬伤、必要的改进和"锦上添花"但是不重要的修改要求（Lynch, 1998）。批判性思维能让人洞察其他研究者提出研究问题和设计方案回答这些问题时采取的不同方法。由于你们的学术背景或接受的训练不同，这些方法可能跟你处理该问题时采取的方法截然不同。做评议的益处大多数来源于直接阅读论文，但是其他评议人的意见和作者在修改稿中的回复也可能带来重要见解。

增长关于如何进行有效评议的知识

仔细阅读其他评议人的意见，就能明白什么是有效评议和无效评议，什么是有用意见和无用意见（Lee, 1995）。身为作者，你可能喜欢读到这样的评议："我真的很喜欢这项研究。"但是，这个评议本身既不能帮你改进研究，也不能帮你改进研究解释。类似的评议如"引用的文献不够充分"或者"该研究未严格遵守现行标准"，未进一步说明研究缺失了哪些部分，或者现行标准是什么。好的评议不仅会给出评议人对论文的最初反应，还会明确解释为何做出这样的反应，并提供解决这些问题的可行方法。阅读这样的评议能为人们将来从事评议工作提供典范。

要想让学习成果最大化，一个好办法是用读者的眼光阅读编辑发来的其他评议人的意见。批判性地思考其他评议的内容，接着拿它们跟自己的评议内容对照着思考。其他评议"有道理吗？"这些评议单独来看有多么完整或者不完整，如果合起来看呢？你知道如何处理这些意见吗？有办法克服评议中提到的问题吗？最后，如果你收到这些意见，**感觉**会如何？是备受鼓舞、心灰意冷还是犹豫不决？重要的不仅仅是内容，还有语气。然后，根据其他评议人的意见和关注点，考虑你自己对同一论文的评议，你注意到的主题以及你的评议有多大的建设性。考虑到你在该方法和领域的知识基础，你可能会采用一两种更好的方法为作者提供更好的评议。不要为过去的缺点而责备自己，评议一切内容时，只需着眼于未来的改进。最后，将所有意见集中起来看，了解它们是如何促使编辑做出最终决策的。

你也可以通过思考作者对评议人意见的回复来练习批判性思维。例如，如果作者选择用不同的方式处理评议者们关注的特定问题，那么你就知道了如何用不同的方式思考解决研究问题的方法。从本质上来看，看作者在修改版论文中如何回复评议人的意见，是一次绝佳的学习机会。

增长关于作者如何有效回复评议的知识

通常情况下，作者在回复评议人意见时存在"好"方法和"坏"方法。作者如果在回复中忽视意见、经常不理会意见，或者只处理部分问题，往往会惹恼评议人。在下一轮意见中，评议人往往会给出更多的负面想法和评议，甚至拒绝评议修改后的论文，最终导致论文被拒绝。尤其是年轻作者，在思考评议人提出的修改建议时可能"一根筋"。因为作者对你的评议缺乏回应而感到恼火,或者看到其他论文由于作者不听从评议人的意见而被拒,可以有效地激励作者更加积极地回应评议人的意见。

获取关于期刊和编辑立场的知识

留意编辑和评议人的意见,可以让作者熟悉期刊对内容、方法、语义和编辑立场的期待(Elsevier, 2019a)。不同的期刊对可接受的方法以及这些特定方法的严谨性有不同的期待。例如,跟顶级市场营销期刊相比,顶级管理学期刊更有可能接受定性研究方法。再者,创新期刊的语义可以参考项目选择决策,而市场营销期刊可能使用概念选择。如果你的目标是在某个特定期刊上发表文章的话,那么在项目开始之前弄明白这些问题,可能有助于你决定采用什么研究方法,或者在调查问卷或访谈指南中如何措辞。即使顶级市场营销期刊,对正在评议的研究论文潜在的管理影响的要求也会有所不同。有的期刊乐意发表纯理论性研究,有的期刊只考虑发表具有重大潜在管理影响的论文。

提升研究实施能力

评议也是了解如何更好地实施自身研究项目、了解新研究方法,甚至是接触和了解不同理论或实质性领域的一种有效方式。在 Publons 的调查(2018)中,大约 33% 的受访者表示,评议是"了解研究趋势最新动态的宝贵方式"(p. 12),有助于确保自己的研究避开已经回答过的研究问题,紧跟最新趋势。初投的论文、他人的评议和作者回复都能提升人们严格实施研究的能力。

只有解决重要的研究问题，才能做出重大的研究贡献（Hauser, 1997）。思考评议的论文中提出的问题，能直接帮助评议人批判性地思考什么是重要的研究问题，研究是否回答了该问题，回答得如何。反过来，评议人又能从中获得经验，判定该项目是否做出了足够重要的贡献（理论或管理实践方面的贡献），是否值得考虑发表。在自身的研究当中也可以运用同样的流程，在项目实施之前做评议，以确保避开不重要的问题，不采用不适合回答这些研究问题的方法。换句话说，不必将精力浪费在不太可能会发表的项目上。

通常，博士生在研究中会专攻一两种研究方法。但是，研究者一旦了解了新方法，就可能会研究之前从未回答过的研究问题，或者用新方法解决目前的研究问题。评议对你来说采用陌生方法的论文，可以有效地帮助你了解新的研究手段。但是，需要格外留意作者在初稿中如何呈现研究方法，评议人对该方法的实施和严谨性给出的意见，以及作者最终对评议人意见的回复和给出的解决办法。用这种方式增加方法的知识，有助于自己在未来的研究项目中避免犯这些错误。

通过阅读论文和他人的评议来提升自身研究实施能力的另一个重要契机，是能接触到一个领域内最新的理论发展，而且经常是在这一理论还没被该领域内其他人知晓之前（Elsevier, 2019b; Kelly et al., 2014; Lehmann and Winer, 2017）。例如，为了提出相关且重要的研究问题，作者需要对近期研究结果进行全面综述，说明自己为何会研究该问题。如果作者的综述不够全面的话，那么更了解该领域的评议人可能会建议作者参考一些新的重要文献（Lee, 1995）。这样，你就可以从中增长自己在该领域的知识，甚至是提出新的值得研究的问题。另外，其他评议人可能来自同一领域的不同专业，因此可能会建议采用不同专业的参考文献，甚至是其他相关但次要的文献。这种情况通常发生在跨职能研究课题中，例如在新产品开发或者管理决策中，评议人可能来自市场营销、管理甚至是战略规划专业。

总而言之，阅读作者提交的论文、其他评议人的意见和作者的回复，都是有效的方法。人们可以更好地理解什么是严谨性，拓宽方法和领域知识，防止在实施研究时犯一般错误，从而增长自身研究实施能力。要想做到这一点，只需要在评议时考虑这些问题，仔细考虑跟每轮评议相关的材料。

提升研究解释能力

很少有博士生课程教授写作。但是，如果作者无法有效传达研究项目的目标、重要性、结果或贡献，那么论文就不能发表，研究者的努力就白费了。研究论文需要包含一些预期部分：引言、理论回顾或提出假设、结果、讨论和局限性。批判性地阅读论文能提醒人们在论文中包含所有预期部分，意识到完整论文的"标准"有哪些。麦克奈尔等人的研究（McNair et al., 2019）表明，同行评议对期刊风格写作的教育价值为8.5分（总分是10分，表示最大的教育价值）。因此，评议为人们提供了学习提升论文写作能力的良机（Taylor, 2003）。

做一段时间评议后，你就能发现期刊风格写作的好与坏两方面（McNair et al., 2019, p. 5）。评议论文迫使评议人去思考他人是如何写作的，包括论文的逻辑、用词、语法、句子和段落结构。此外，阅读其他评议人的意见，能提升人们对不同问题和偏见的防范意识，从而有望在自己写论文时加以避免。

阅读初投的论文时，要批判性地评估哪些部分"具有说服力"：引言部分激励人心吗？研究得到了有效定位吗？假设清楚无歧义、有明确的论证支撑吗？再者，是什么让每部分具有说服力或不具有说服力？结果只是无聊地陈述哪些假设得到了支持，哪些没得到支持，或假设只是以故事的形式出现，能让读者感兴趣并相信吗？在不读论文的情况下，表格和图形的内容是否容易理解？如果以上这些问题的答案是否定的，那么要判断令人困惑之处在哪里，为何会这样，如何改正这个缺陷。通过阅读论文、他人的评议和编辑决定来了解这些写作问题，也许能在自己今后的写作中避免犯同样的错误。

总体而言，从第一轮评议人意见和编辑决定中思考和学习，投入的时间不宜太长，也许只用 30～45 分钟。没有哪个评议人有时间、意愿或精力从每一次评议中学习。但是，以评议为契机，提升自己的批判性思考流程，学习如何有效回复其他评议人和编辑的问题，增加自己方法的灵活性和知识，或者增强自身的写作技能，可能有助于你避开根本不可能发表的研究课题，提高为承担的项目进行缜密研究并成功发表研究成果的概率。这些努力是非常值得的。

评议对职业生涯的好处

评议的最后一条潜在好处，是学者身份能得到认可，从而影响个人的整个**职业生涯**（Lehmann and Winer, 2017; Singh, 2003）。成为一名同行评议人，会让你得到国内和国际同行的认可，推动你的职业生涯向前发展（Elsevier, 2019b; Kelly et al., 2014; Lee, 1995; Publons, 2018; Ware, 2016; Warne, 2016）。在韦尔（2016）的一项调查中，42%的受访者表示，他们参与评议"是为了提升名誉或者促进职业生涯"，也有24%的受访者表示"是为了提升加入编辑委员会的概率"（p. 4）。

在评价终身教职或晋升的候选人时，很多大学会考虑候选人是否从事过评议工作，是否是编辑委员会成员，是否担任过编辑（Kelly et al., 2014）。编辑团队知道你能不断提供高质量评议，那么你就可能会被视为"最佳评议人"，跟期刊和编辑建立起牢固的关系（Elsevier, 2019b; Kelly et al., 2014），受邀加入他们的编辑委员会（Ostrom, 2003）。继续提供高质量评议的话，你还有可能被聘任为副主编或主编（Kelly et al., 2014）。成为顶级期刊编辑团队眼中优秀、及时的评议人，在申请晋升或终身教职时，至少有利于找人写支持自己的推荐信。

虽然同行评议目前在一定程度上会对声誉和职业生涯产生正面影响，但是很多评议人还是批评机构（主要是大学和资助机构）对这项重要且耗时的服务的认可度不足。实际上，Publons的调查发现，大约85%的受访者认为，机构应该正式认可和奖励同行评议的贡献（Publons, 2018）。威利（Wiley）早期进行的一项调查也显示，受访者认为评议受到的认可度不足。如果同行评议能得到正式认可，他们就会愿意承担更多的评议工作（Warne, 2016）。

为了满足对同行评议进行更正式的认可的需求，人们采取了好几种方法。首先，成立于 2012 年的开放研究者与贡献者身份（Open Research and Contributor ID, ORCID）[①]为个人研究者建立了一种机制，创建了独特的个人数字标识，跟同行评议活动、出版和其他职业信息相关联（ORCID, 2020）。Publons 允许研究者"在同一处追踪自己的出版物、引用指标、同行评议和期刊编辑工作"（Publons, 2020）。这是通过自动引入开放研究者与贡献者身份、科学网（Web of Science）和期刊的出版物、同行评议（包括发表前和发表后）和编辑活动来实现的。其次，2016 年开始的实验持续 3 年后，3700 名《自然》杂志的评议人决定让自己的同行评议工作得到认可，该期刊 80% 的文章里至少列出了一位评议人的名字（Nature, 2020, p. 8）。最后，在 2018 年，爱思唯尔为旗下的期刊开发了一个同行评议认可平台。人们只要为爱思唯尔的期刊评议过论文，就会自动生成评议人档案。之后评议人每次递交评议，档案都会更新。

随着研究者对提升评议工作认可度的呼声越来越高（Elsevier and Sense About Science, 2019; Publons, 2018）和评议人认可系统的健全，评议工作可能会对学者的职业生涯产生更大影响。我们

[①] 目前使用最广的"全球科研人员的学术身份证"，是免费的、全球唯一的 16 位身份证识别码，用于区分同名研究者，解决作者识别问题。——编者注

强烈推荐所有学者，尤其是初级科研人员，获取一张开放研究者与贡献者身份的身份证，注册 Publons，确保自己所有的高质量评议都在这些认可系统中登记在册。

总　结

总而言之，提供高质量评议虽然需要耗费大量精力，但是也会带来明确的个人能力和职业生涯层面的好处。但是，每个人在接受审稿邀请之前，都有必要精心挑选，考虑以下几方面的因素：

- 为期刊审稿能给你带来的声望（期刊全球排名或机构排名）。
- 你潜在的学习收益（期刊领域跟你的研究的相关性）。
- 你对期刊总体领域或特定论文的特定话题的兴趣。
- 你自身的时间、精力和资源。

每次面对审稿邀请时，每个学者都需要在这四个因素中做取舍，最后再决定是否接受邀请。

第三章

对优秀评议人的期待：5R

正如前面章节所言，成为优秀同行评议人有助于一个人的工作和职业生涯，那么怎样才能成为优秀的同行评议人？综合市场营销（Holbrook, 1986; Lehmann and Winer, 2017; Lynch, 1998; MacInnis, 2003; Ostrom, 2003; Singh, 2003; Taylor, 2003）和其他领域（Gosden, 2003; Lee, 1995; Paltridge, 2015; Rojewski and Domenico, 2005; Wilson, 2012）发表的意见，本章总结出了受评议影响的多类读者对优秀评议人的普遍预期。我们将这些期待简称为"5R"：评议人的**角色**（roles）、**责任**（responsibilities）、**回复**（responses）、**反应**（reactions）和**尊重**（respect）。在评议前了解这些期待，有助于学者更有效和高效地处理整个评议流程，在提供高质量评议的同时将自身利益最大化。

人们对优秀评议人抱有不同的期待，因为大多数 5R 取决于从谁的角度出发——作者、编辑团队、专业人士——或从评议人的总体责任来看，取决于普通大众。表 3.1 中总结了这些期待，并在本章的其余部分进行了详细说明。

第三章 对优秀评议人的期待：5R

表 3.1 受众对优秀评议人的期待

	作者的视角	编辑团队的视角	专业人士的视角
角色	• 批评家和教练 • 研究咨询师	• 无偏见的顾问	• 知识进步的把关者 • 道德的执行者
责任	• 付出必要的时间和精力 • 帮助改进论文质量 • 及时回复 • 对研究保密	• 帮助做出公平决定 • 帮助决定什么是足够的贡献 • 帮助改进论文质量 • 及时回复	• 指导生成有趣和相关的知识 • 确保遵守当前的研究标准 • 发现潜在学术不端行为
回复	• 论证思考的全面性 • 识别优缺点 • 区分硬伤、主要和次要可改正的问题 • 提供切实可行的建议 • 只做必要的修改 • 识别未评议的方面及背后的原因	• 论证思考的全面性 • 识别优缺点 • 区分硬伤、主要和次要可改正的问题 • 提供切实可行的建议 • 只做必要的修改 • 识别未评议的方面及背后的原因	• 区分硬伤、主要和次要可改正的问题 • 用该领域当前的研究标准未评判 • 鉴定所有表明需要调查潜在学术不端行为的证据

· 031 ·

续表

	作者的视角	编辑团队的视角	专业人士的视角
反应	• 使用职业语气 • 要有建设性，而不是破坏性 • 指导要起到促进作用，不要居高临下 • 保持友善 • 展示同情心 • 不要沉醉于自我满足	• 使用职业语气 • 要有建设性，而不是破坏性 • 指导要起到促进作用，不要居高临下 • 保持友善 • 展示同情心 • 不要沉醉于自我满足	• 客观地评议
尊重	• 关爱的 • 有同情心的 • 体贴的 • 平等的 • 咨询性的 • 批判性的 • 建设性的 • 具体的 • 全面的 • 有内容的	• 接受适当的审稿邀请 • 提供高质量评评 • 及时完成评议	• 成为优秀评议人 • 接受适当的审稿邀请 • 及时完成评议

角 色

根据受众的不同，评议人在期刊发表流程中扮演着不同的角色。

对论文作者而言，评议人兼具批评家和教练的身份，对研究提供无偏见的评议，并提供修改建议（Lucey, 2013; Lynch, 1998; Singh, 2003）。评议人类似于咨询者，而非合著者。优秀评议人不会改变研究重点、重新设计研究或重写论文。他们的任务是建议作者论文的哪个地方该如何修改，最终帮助论文顺利发表（Lehmann and Winer, 2017; MacInnis, 2003; Rojewski and Domenico, 2005; Taylor, 2003）。总之，评议人的角色是帮助作者修改论文，清晰传达严格实施的研究，回答某个重要研究问题，贡献足够的新知识，从而顺利发表论文。

对编辑团队而言，优秀评议人是无偏见的顾问，提供发表决定建议（Allen et al., 2018; MacInnis, 2003）。"无偏见"是指评议人要客观地看待论文，抛开自身的领域、理论、方法和人为偏好。评议人无论是否"喜欢"一项研究，对最终的建议都不重要。无法保持客观和无偏见的评议人应当在评议过程中请求撤换自己（Allen et al., 2018）。请注意，某个评议人的建议并非一锤定音：编辑团队根据其他评议人的报告，自己阅读并评价论文，最终可能会做出不同的决定。

对专业人士和学科而言，优秀评议人还充当科学进步的把关者（Csiszar, 2016）和出版道德的实施者的角色（COPE, 2019）。

随着时间的推移，任何科学领域对严谨性和贡献的定义都会发生改变。例如，虽然在20世纪70年代，单项目测量和单变量统计分析都为企业研究提供了实证严谨性，但是到20世纪90年代就不是这样了。学科一直在发挥作用，为某个特定时间点的研究严谨性和贡献的构成建立共识——至少部分源于参与研究评估过程的评议人的联合批评（Csiszar, 2016）。

在国际出版伦理委员会（COPE, 2019）看来，评议人的"主要角色是确保学术记录的诚信"，即已发表的科学文献中不出现学术欺诈和剽窃。不幸的是，韦尔（2016）发现，同行评议并不是发现欺诈（41%）和剽窃（44%）的有效方式，尽管分别有78%和81%的受访者认为，同行评议**应该**能够发现这些学术不端行为。优秀评议人完全熟悉"COPE同行评议人道德指南"并小心遵守指南（COPE, 2019）。尽管大多数期刊如今使用自动化防剽窃软件检查论文，但是这些平台并不能识别测量相同变量的结构名称的改变、数据盗窃、捏造或伪造，或类似的不端行为（Allen et al., 2018）。这些潜在问题仍然需要由熟悉相关子领域现有研究的评议人指出。评议人一旦发现任何潜在学术不端行为，应当马上联系期刊编辑，提出疑虑和证据，请求编辑进一步调查（COPE, 2019; CSE, 2018）。

责　任

评议人对作者和编辑的主要责任有部分重叠，这直接源于高质量评议的定义（参考第1章）。对作者和编辑而言，优秀评议人提供既具有批判性又具有建设性的具体建议，及时回复，从而帮助提升论文质量（CSE, 2018; Lehmann and Winer, 2017; MacInnis, 2003; Meadows and Wulf, 2019; Rojewski and Domenico, 2005）。不管给编辑提供的最终建议是什么，评议人都有义务指导作者如何让论文有效传达严密实施的、处理重大研究问题的内容，贡献足够的新知识。

为了帮助作者提升论文质量，优秀评议人会投入足够的时间和精力仔细阅读和思考整篇论文以及之前的评议和作者的回复（Allen et al., 2018; Holbrook, 1986; MacInnis, 2003）。无论是论文的初稿还是修订稿，也不管他们此前或当前给编辑提供的出版建议是什么，高效的评议人都会如此对待。在整个过程中，评议人对作者还负有另外一个责任：对研究和论文内容保密（COPE, 2019; Rojewski and Domenico, 2005）。

在编辑团队看来，优秀评议人还有责任帮他们做出公平（和无偏见）的决定。意思是说，评议人给作者的意见应当支持提供给编辑的建议。例如，评议人在向编辑提交拒稿建议时，应该同时给出评议意见，指出论文中的硬伤——无论是方法错误、问题没有研究价值，还是总体缺乏贡献。尤其是当编辑对研究领域不太熟悉的时候，评议人有责任帮助编辑了解什么是对某个领域新知识的"足够"贡献（Lehmann and Winer, 2017）。

早在1892年，同行评议人就被视为学科中的"文献守卫者"，他们的义务是指导一个领域的知识创造（Coste, 1892）。评议人要保证发表的研究有趣、有相关性、严格实施、包含新知识（MacInnis, 2003）。这样，他们就能指导一个领域知识演化的进展，确保研究符合当前的研究标准，指出潜在学术不端行为。

最后还有个重点，西萨尔（Csiszar, 2016）指出了优秀评议人应该负责的第四类人群——普罗大众。在大众眼里，优秀评议人有责任"确保整体科学文献的学术诚信"（Csiszar, 2016, p. 308）。同行评议应该帮助大众区分真实的科学证据和趣闻及观点，以评估他们在公共媒体上接触到的相互矛盾的说法的总体真实性。

回　复

回复是指评议人所说的关于论文的内容。作者和编辑团队都要查看评议人发回的内容。优秀评议人会（COPE, 2019; Lee, 1995; Lucey, 2013; Lynch, 1998; Taylor, 2003）：

- 详细说明论文的优势和劣势。
- 识别导致无法发表的硬伤。
- 识别在修订稿中需要处理的可改正的主要和次要问题。
- 提供具体可实施的建议来解决问题。
- （只）要求作者进行必要的修改、添加材料和付出努力，让论文达到发表级别。

最后，优秀评议人还会指出论文中他们不曾考虑的方面（例如，问题不属于评议人的专业领域）。

第 4 章提供了一个模板指引评议人创建和拓展高质量回复。第 5 章至第 9 章详细介绍了评估每篇论文时需要考虑的特定问题，为两类研究论文提供了评议人意见和编辑合成意见的案例。

从专业人士的角度来看，至关重要的是区分硬伤和可改正的问题，以及根据领域或学科当前的研究标准评判研究。但是，从这个角度来看，最重要的内容是为编辑确定和提供任何或所有证据，表明有必要调查潜在的学术不端行为。

反 应

虽然学术界的观点是，评议人在阅读和回复其他人的研究时"应该"保持理性和无偏见，但实际上他们有时候做不到，尤其是当论文的结果跟自己的研究结果、理论方向或个人态度相冲突的时候。第四个评议期待是"反应"：评议人回复的情绪基调。我们建议采用以下指南让评议人意见变得更加温和。

- 语言和语气要专业。诚恳地指出硬伤，但是方法要巧妙（Lee, 1995; Sternberg, 2003）。
- 意见要有建设性，而不是破坏性（COPE, 2019; Lee, 1995; Lucey, 2013; MacInnis, 2003; *PLOS ONE*, 2019; Taylor, 2003）。其中一种措辞方式是："更好的论文（或研究）可能会是……"
- 要起促进作用，不要自大。学者尤其是初级科研人员通过做研究、写论文和获取建设性的、起促进作用的反馈来学习。
- 要宽容体恤他人（Holbrook, 1986; Lee, 1995; Lucey, 2013; MacInnis, 2003; Taylor, 2003）。尽管碰到写得差的论文，你可能会感到沮丧，但是要意识到，作者投入了时间、精力甚至是激情做研究，所以在写评论时要用关怀的语气。

- 请记住，评议的对象是作者和作者的研究。不要利用评议来展现自我，表示自己有多聪明，或者推销自己的研究（COPE, 2019）。

当论文引发评议人特别消极的反应时，无论是出于论文原因（如不符合语法、草率）还是论文之外的个人问题，评议人在敲定要提交的评议内容前，最好将之放上一晚，第二天再修改语气。

尊　重

优秀评议人通过满足以上期待，展示出对评议任务的尊重（Meadows and Wulf, 2019; *PLOS ONE*, 2019; Taylor, 2003）。表3.1中的内容体现了对作者和作者所做研究的尊重：

- 以批判性、但同时又具有建设性的顾问身份评议。
- 以体贴、富有同情心的同事身份写作。
- 提供具体、完整的内容。

优秀评议人只接受自己专业领域内的审稿邀请，答应之后就会提供高质量评议，而且接受邀请和撰写评议都会很及时，从而对自身职业以及每个期刊和期刊志愿编辑人员表示尊重。

最后，套用黄金法则，献给优秀评议人：

你希望别人怎样评议你，你就要用同样的态度去评议他人。

第四章

起步和评议模板

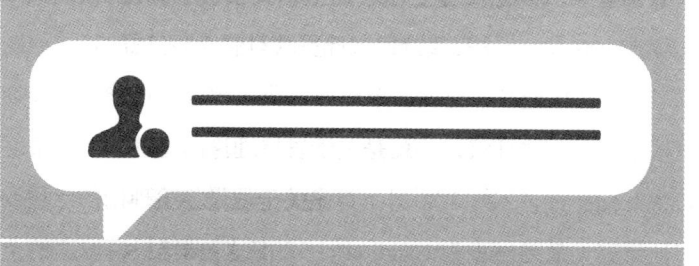

编辑更加看重高质量评议（Elsevier, 2020b）。所以，要想让评议人的判断影响特定文稿和专业领域的发展方向，就需要撰写一篇高质量评议。本章介绍了接受审稿邀请后处理论文的方式，进行高质量评议的通用模板（框4.1），评议初稿内容的具体建议，以及最后，通常在评议末尾处需要详细说明次要问题时要考虑的问题类型的清单（框4.2）。

第5章至第9章对论文的5个主要部分（引言和定位、文献综述和提出假设、方法、结果、讨论和影响）要考虑的具体问题提供了更具体的建议。这些章节里还提供了评议人可能为两篇期刊投稿给出的一些评议，一篇是关于发展理论的定性研究（最终发表为 Kester et al., 2011），另一篇是关于假设检验理论的定量或者实证研究（最终发表为 Candi et al., 2018）。两篇投稿原文的全文分别参见本书附录1和附录2。[1]

---

[1] 在本书其余部分，凯斯特等人（2011）的论文初稿被称为投资组合管理、定性研究或提出理论方面的论文，而坎迪等人（Candi et al., 2018）的论文初稿被称为社交策略、定量、实证研究或检验理论的论文。——原注

起 步

首先，在开始评议之前，要通篇阅读论文（包括附录部分）。如果你不熟悉论文要投的期刊的话，那么还要仔细阅读期刊里的作者和评议人指南（Elsevier, 2020b）。指南通常可以在期刊网站里找到。

哪些方法类型和贡献类型（理论、政策、实践）是可取的或者是可接受的，这些重要信息不同的期刊可能存在差异。这些指南还概述了论文整体格式（章节、标题）和参考文献、表格、图形、注释的排版规定。提交的论文如果不符合期刊指南，表明论文可能之前被另外一份期刊拒绝过，没有做出重大修改就匆忙再次提交，或者论文作者不熟悉期刊，同时文章可能存在其他更严重的问题。

《自然》上最近发表的一篇评议流程评论（Stiller-Reeve, 2018）建议评议人把论文读上三遍，每遍带着不同的目的：首先，对论文形成整体印象；其次，评议科学的真实性；最后，评议论文的写作和结构。爱思唯尔的同行评议人认证课程（2020b）建议，在完全理解文章的内容后再看文章标题和摘要，判断标题和摘要是否有效传达了研究的精髓。

理想情况下，评议人要花时间将论文读上三遍。不幸的是，现实生活中往往办不到。但是，在集中注意力的情况下仔细通读一遍论文，可以对研究和研究解释有充分的了解，从而写出高质量的评议。

有的评议人认为，读完论文后可以将论文先搁置一小段时间

(一顿饭或一天时间),这样在实际开始撰写评议之前,就可以逐步形成初步的反应和印象。也有评议人会立刻动手写评议,还有评议人会在阅读论文时做笔记或写一部分评议。随着时间的推移和实践,每个评议人都能找到最佳评议流程。

注意第一印象

无论是像施蒂勒-里夫(Stiller-Reeve, 2018)推荐的那样将论文读上好几遍,还是只读一遍,都会迅速对论文形成总体印象,以及对研究的设计、实施和表达的关注。即便只是用个人笔记的形式写下来也会很有用。

首先且最重要的印象是,论文是否属于当前评议领域内的研究内容。虽然大多数非研究论文会被编辑团队筛选掉,但还是会有一些漏网之鱼。例如,有的论文自称是使用了扎实的理论或系统文献综述来提出新理论,但是仔细阅读后可能就会发现,论文实际上相当不正式,里面的观点只是披上了理论的外衣,并不是真正的研究。大体而言,第一印象中要考虑的问题有如下几个(Elsevier, 2020b):

- 粗略一看,方法是否适用于研究问题?
- 研究对该领域而言是否具有原创性、新颖性和重要性?
- 研究设计、实施和表达是否足够用心?
- 是否使用了适当的结构和语言?

如果读完第一遍论文后，对以上每个问题的回答都是"是"，那么评议工作就可能很容易。但是，如果读完之后对问题的答案不确定，或者答案是"否"，那就意味着，还需要付出额外努力，甚至是重大努力，才能弄清楚是否存在真正的问题，到底是无关痛痒、容易改正的问题，还是重大的，甚至是导致无法发表的硬伤。

评议人全面了解论文之后，可以通过提供逻辑清晰的意见来增添价值（Elsevier, 2020b; Stiller-Reeve, 2018）。框 4.1 中的评议模板能帮助评议人高效地、有逻辑地以及彻底地做出评议。

框 4.1　评议模板

- 简要总结论文和大体印象（1～2 句）
- 总结论文的优点（最少 1 条，最多 2～3 条）
- 酌情考虑论文特定部分的主要关注点：这些地方需要花费大量精力重新构思和修订
  - 引言
  - 理论背景、文献综述和提出假设
  - 研究方法与分析
  - 结果或发现
  - 讨论、贡献和影响——理论与管理两个方面
  - 局限性和未来研究
- 论文中容易改正的次要关注点（详情请参见框 4.2）
  - 标题和摘要

> 结构和流畅性
> 写作和语法，包括是否需要文字编辑
> 表格和图形
> 参考文献、脚注和尾注

注： 建议对这些意见进行编号，因为这样能帮作者、主编和副主编发现论文里的具体问题（Elsevier, 2019a; Lee, 1995; Moorman, 2019; Wiley, 2019a）。

评议的开头：对研究进行简要总结（1～2句）

虽然这点最初看起来似乎没必要，但是简要总结论文里的研究能向编辑和作者表明，评议人已经仔细阅读了论文，理解了研究目的。这条简短的总结还能用来传达评议人对论文的总体印象（Elsevier, 2019a; *PLOS ONE*, 2019）。如果研究的目的或重点不清晰，那么就可以用这部分来指出论文的一个基本缺点是思路不清晰。评议人可能会为我们提供的论文初稿写出以下评论：

> 该论文研究了四个详细的根据理论选择的案例，建立了一个关于投资组合决策有效性的一般模型，将总概念划分成三个组成维度。数据分析揭示了三个企业文化因素，它们影响了决策输入生成和决策制定过程的类型，进而影响投资组合决定的有效性。（针对投资组合管理）

该论文研究了社交策略是否会影响客户对创新的建议和创新方面的知识。它还进一步探讨了社交平台类型是增强还是削弱了这些关系。(针对社交策略)

要是碰上目标不清晰的虚构的期刊论文,开头可能是这样的:

虽然论文引言里提到文章的写作目的是为评议人提供一种流程,让评议人能够更加高效且有效地评议论文,但是作者实际上只是罗列了一大堆关于好的和差的评议的零散观点。(Griffin and Barczak, 2020, p. 41)

更好的开场白可以更有建设性:

高质量论文可能会将这些经验丰富的作者的共同经验整合进一个连贯的框架,让评议人用既具有批判性又具有建设性的方式,系统地形成和表达自己的关注点。

第二步:总结论文的优点(1～2句)

"评议开头要这样写:'这篇论文让我欣赏的地方是……'"(Lehmann and Winer, 2017)。

即使是评议人建议拒绝的论文,评议人也可以指出研究或论文中至少一个方面的优点,对作者的努力表示尊重和感谢(Lehmann and Winer, 2017; Pierson, 2015; Wiley, 2019a)。评议一开始用一两条正面评论，也许有助于缓和更严重的问题带来的冲击，激励作者投入大量精力解决那些问题（Pierson, 2015; Wiley, 2019a）。在写正面评论时，有礼貌的评议人只会提及正面内容而不会掺加负面内容：

恰当（投资组合管理）：这些研究者清晰地理解并严格采用了有根据的理论研究方法来制定理论模型。

恰当（社交策略）：作者研究了"社交策略"这个新概念，它跟出于创新目的而广泛使用社交媒体高度相关。

不恰当：这篇论文虽然因为没有提供足够的新知识而无法发表，但是它探讨了营销中的一个理论化程度不足的概念。

评议的主要内容：确定主要关注点

高质量评议会重点关注论文的主要关注点（Lehmann and Winer, 2017; Moorman, 2019; *PLOS ONE*, 2019; Wiley, 2019a）。主要问题"包括作者在提交论文前需要处理的重点内容"（*PLOS ONE*, 2019），可能包括贡献、理论或方法方面的内容。即使这些问题可能相当广泛，评议也要保持简洁。实际上，大多数编辑建议评议内容只占一页半到两页（Ward et al., 2015）。长度不等于质量，所以优秀评议人只会关注重点问题，并尽量保持简洁（Lehmann and Winer, 2017）。

可以用两种方法呈现和组织主要关注点（Elsevier, 2020b）：按照论文中内容的逻辑顺序；或者按照评议人的判断，从最令人担忧或最难处理的到最简单的问题来排序。无论采用哪种方法，都比从一个主题切换到另一个主题或从一个问题等级切换到另一个等级强。但是，如果评议人认为论文中存在硬伤，那么把这个硬伤放在最前面对编辑团队来说最有益。

不幸的是，评议论文并不是一个完全连贯的过程。评议人可能只有完整阅读了论文后才能提出更好的排序策略。因此，评议如果只是依序按章节和段落提供评论，如果不能明确地区分主要或次要问题的话，作者就可能会感到困惑或觉得内容不连贯。优秀评议人会融合论文不同部分的改进意见和建议，按照逻辑顺序对所有问题进行排序。

高质量评议在指出修订稿里要解决的主要问题时会这样做：

- 指出总体问题，例如：
  ○ 文献综述不完整；
  ○ 提出理论/概念和最终框架之间出现逻辑跳跃。
- 详细说明论文所关注问题的具体案例（Elsevier, 2019a; Lee, 1995），引用段落、页码、表格等，例如：
  ○ 文献综述只提到2001年以前的论文；
  ○ 作者似乎既没有定义受访者的企业内行为，也没有选择非企业内的活动/雇员。因此，样本似乎不适合该研究。
- 建议采取哪些方法解决论文中的问题（Elsevier, 2019a; Moorman, 2019; *PLOS ONE*, 2019），例如：

- 提供应该引用的该研究领域内的特定文章，或者建议作者参考不同的文献，并提供其中的一些关键参考文献；
- 建议采取更有逻辑的论证，建立概念框架和理论基础之间的关联，或者建议在创建框架时采用不同的理论。

评议的流程和风格

第 5 章至第 9 章介绍了两份独立写作的评议，分别由格洛丽亚和阿比执笔（见附录 1 和附录 2），他们还以编辑的身份撰写了总结陈述，偶尔会加上额外评论。我们亲自撰写了这些评议，而不是直接提供论文收到的原始评议。因为这些评议是以匿名形式提供的，我们无法找到对方的联系信息，请求原始作者同意重印这些评议内容。

读者在阅读评议时可能会发现，虽然评议人经常各自提到研究中的相同问题，但是评议的撰写风格却截然不同。即使在评议论文时存在标准化问题，每个评议人在强调这些问题时的表述方式也会略微不同。在下文中，我们分别列出了自己的风格和我们的评议流程。读者会发现，我们二人存在巨大差别。

格洛丽亚的流程与风格

我在担任编辑期间，从阅读纸质书改为阅读电子书。现在，我在评议时，一切都是电子化的。我在阅读的过程中会插入评论和问题。我会将文本标记为高亮以展示稿件中的问题或指出重点，如概念、定义、研究问题等。偶尔我也会打印出图表，确保文本跟图表内容相匹配。我喜欢可视化地展现概念模型。因此，如果论文里没有图的话，我会画出一张图，这样我就能总体把握研究内容。

我喜欢一次性读完整篇论文，所以会专门腾出一段时间。通常，阅读论文和撰写评议要花大半天时间（5～6个小时）。读完论文后，我不会马上写评议。我会停下来回想我在阅读论文过程中想到的主要问题。但是，我的确会在当天写评议，因为我喜欢集中精力做完这件事，而不是掺杂其他工作。当我准备好开始写评议后，我就会再次浏览论文和我的评论，提醒自己该注意哪些问题。

就像我们的模板里提到的那样，我会先对研究进行简要总结，至少提到论文中的一个优点。接下来，我开始写"主要问题"这个部分。如果我碰到一条讲述次要问题的笔记，那么我会把它放进"次要问题"部分，并进行排序。我的评论跟论文的结构保持一致，因为我认为这种方法最有利于厘清思路。我用段落标题（例如定位）表示之后的评论的重点。我的评议会包含很多问题，例如：这些研究问题为何很重要？你对该理论做了哪些补充或拓展？你为何选择这些概念作为调节因素？在我看来，跟只用陈述性句子相比，以提问的形式写评议能让评议过程更像是在跟作者对话，而对话才是评议过程应该有的样子。我还希望问题能激发作者真正去思考，并采取适当行动。

在撰写评议时，我会边写边改。必要时，我会从论文里复制短语/句子，指出论文的模糊或矛盾之处。我会重复提到论文前面部分存在的问题，例如贡献不足。我会注意评论的措辞，不出现有损人格的评论。提交评议内容之前，我会检查一遍，确保其中提到了主要问题，没有语法或拼写错误，具有建设性。

最后一点，在我当编辑和开办工作坊、写论文和本书的过程中，我的评议流程发生了变化。我从未接受过评议方面的培训，所以一直是个学以致用的过程。

阿比的流程与风格

我虽然完全采用电子版撰写和修改自己所有的研究论文，但是我更喜欢阅读纸质期刊投稿论文，并在上面做大量笔记。我喜欢在不同的章节和表格之间来回切换，纸质版切换起来要容易得多。我的笔记包括问题、图片（例如关于假设的图片）和逻辑跳跃、不连贯、混淆、术语未定义等简要提醒。如果论文里的内容让我感到生气，那么从我写在页边的笔记中就能看出来。

我最喜欢在飞机上读论文，这么做的关键是我要找一个合适的时间和地点，知道自己在阅读和分析整篇论文时不会被打扰。我只有读完整篇论文，完成所有分析之后，才会打开电子文档开始写评议。我喜欢腾出足够时间，读完论文后就直接开始写。因为整体而言，这种方式效率更高。但是，当我时间不够的时候，或者我在读完论文后不确定要给出哪些建议，想要让材料在脑海里酝酿一下的时候，我就会推迟写评议。但是，当我开始写评议时，我会先浏览论文和笔记，确保自己真正记住了细节。

我在写评议时，会分两个部分："总体评论"里写修改稿里更难解决的主要问题，"具体评论"里写容易修改的、带编号的小问题。就像前文所建议的那样，我总是先凭记忆对论文进行简要总结，再总结论文优点。我在翻阅纸质版论文时，会在带编号的清单上添加具体的小建议，并附有详细的页码和位置。例如，标记长句、一般语法错误、缺失的概要统计和参考文献不一致的注释。

在谈及论文存在的主要问题时，我的行文比较冗长，可能会过度解释（例如，请参考第6章里的社交策略评议人2的评论）。我会先按论文的顺序写出主要问题：定位、文献综述和提出假设、方法、结果和贡献。我经常发现，为了全面表述我对某个问题的看法，我不得不跳过几个章节的内容——例如定位和假设，或者假设与讨论——这也是我喜欢看纸质版论文的原因，因为它容易翻页。

在写评议初稿时，我任凭自己的想法甚至是感觉喷涌而出并尽快落在纸面上。接着我会加以修改，让它变得更加友善、有用。在修改时，我会融合各个部分里收集的信息，形成总体的问题和建议。正是这种融合导致我的评议变得冗长。接着我会对主要问题重新排序，最开始讲硬伤或者最重要、最难处理的问题。我经常不得不修改措辞，让语气显得"友好一些"，看起来没有那么不耐烦或者生气。我还发现，我刚开始很难提出建设性意见，只有在修改时才会好一些，而这又让我的评议变得更加冗长。

评议的结尾：容易修改的小问题

大多数评议人会在评议意见的最后评论文章中存在的小问题。这些容易修改的问题可以按照主题排序，也可以按页码和段落排序。框4.2提供了一张检查清单，供评议人考虑5类小问题：标题和摘要，论文架构和流畅度，语法和可读性，图表和附件，参考文献、脚注和尾注（Elsevier, 2019a, 2020b; *PLOS ONE*, 2019; Seals and Tanaka, 2000; Wiley, 2019a）。

最后，对于最终可能会发表的论文，评议人在评议结尾处可能表示自己愿意评议修改版论文，或者愿意支持作者未来的研究。

框 4.2 评议小问题检查清单

标题和摘要

- 标题是否能准确反映研究问题和研究类型?
- 摘要是否包含研究目标和最重要的研究细节?
- 摘要是否包括主要研究结果,是否忠实地反映了正文里报告的内容?
- 摘要是否包含正文里没有的内容?
- 摘要的长度是否适当?

组织和流畅度

- 是否有缺失的部分(如文献综述、影响、未来研究和局限性)?
- 论文的章节排序是否符合逻辑?
- 章节里的段落排序是否符合逻辑?
- 是否有包含多个想法的长段落?

语法和总体可读性

- 论文的措辞是否适合该领域和期刊?
- 句子结构可读性高,还是太过冗长、复杂?
- 论文是否需要审校,消除拼写错误?
- 论文是否需要英语母语文字编辑修改?

图表和附件
- 检查编号和适当性。
- 检查文本与图表附件里编号的一致性。
- 图的可读性是否高，单独来看是否容易理解？
- 评价图例、页眉和轴线标签的完整性。
- 评论图中是否需要区分颜色或折线图/柱状图。

参考文献、脚注和尾注
- 文本或参考文献列表里是否缺失参考文献？
- 参考文献是否准确、恰当、最新？
- 脚注和尾注是否有必要、清晰？

第五章
评议引言部分

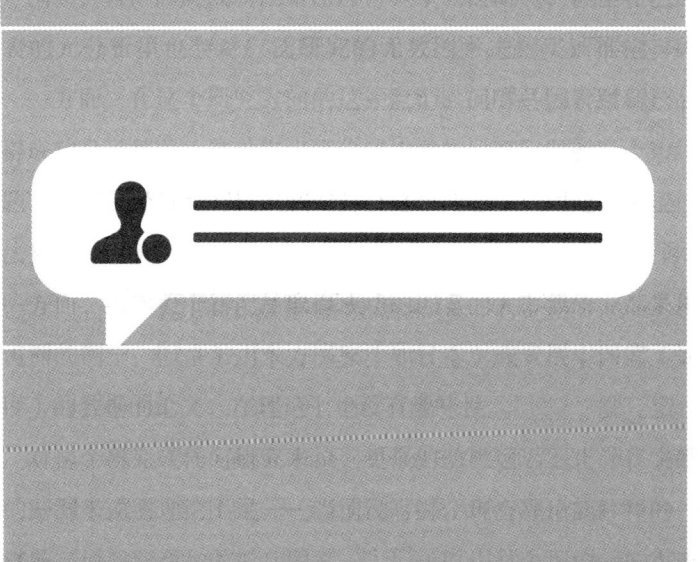

优秀评议人会考虑论文的引言部分是否包含以下四个必要部分（Elsevier, 2020b; Seals and Tanaka, 2000）：

- 研究在现有文献里的有效定位。
- 令人信服的研究动机。
- 具体的研究问题。
- 陈述对新知识做出的重大贡献。

框 5.1 包含了以上四个成分里要考虑的其他细节问题。

框 5.1　引言部分要考虑的问题

定　位

- 研究是否符合拟投期刊的标准和范围？
- 引言部分的介绍是否将研究置于适当的理论或文献领域？

动机和需要填补的空白
- 引言是否确立了主题的重要意义,而不仅仅是说"当前对该话题/这些关系/这个地理范围、产品类型或企业类型背景的研究匮乏"?
- 作者是否提供了开展该研究的理论、管理或政策相关的理由?

研究问题
- 这部分是否不只提到总体的研究目的,还提到了具体的研究问题?(注:以问号结尾的研究问题。)
- 研究问题是否清楚、无歧义?
- 研究问题是否有趣、重要?
- 研究问题是否可以回答?

贡　献
- 研究是否具有创新性和原创性?
- 研究拓展是否挑战了现有范式,或明显增加了现有知识?
- 作者是否提到了研究的贡献而不只是研究的结果?
  (注:只有看过了结果和讨论部分,才有可能对贡献部分做出最终评价)

一般考虑
- 跟期刊里使用的标准术语相比,论文中使用的措辞和术语是否清晰、一致、相称？
- 该部分的架构是否符合逻辑——这部分是否"流畅"？

来源：改编自 Elsevier, 2020b; Hurp, 2012; Rojewski and Domenico, 2005; Wiley, 2019a; Wilson, 2012 和作者的经验。

引言部分如果没有充分解决上述的一个或多个问题的话，那么经常预示着论文其余部分甚至是研究的实施方式会出现重大问题。根据我们的经验，引言部分往往是论文初稿甚至是修改稿中最薄弱的部分。优秀评议人需要悉心指导作者，帮助他们改进引言部分，有效解决所有部分。

定　位

一篇论文可能需要作者进行彻底重新构思，才能有一个更有说服力的定位。有的作者在引言部分介绍了多个领域、文献甚至理论观点，却没有聚焦于后面提出假设和贡献时要大量引用的内容。要想帮助作者确定他的论文在现存相关文献中的定位，需要评议人调动大量知识、想法和努力，因为引言必须将论文置于其做出重要贡献的领域。因此，只有在阅读和考虑了论文的结果和讨论部分后，才能撰写这部分的评议。优秀评议人能帮助作者辨别（和去除）与研究贡献领域不相关的文献，并注意到后来引用的那些在引言中没有得到适当介绍的理论方面。

动机和文献空白

"边缘性问题总是会带来边缘性贡献"（Vargo, 2019）。在引言的四个成分里，评议人要考虑的最重要问题是论文有一个引人注目的重要"问题"需要解决。定位问题可以修改。但是，如果论文要解决的是一个不重要或者细枝末节的研究问题、概念或构想（本章开头的要点2），就不大可能对新知识做出重要贡献（本章开头框5.1中的要点4）。

在辨别重要问题时，表明研究填补了文献中的空白还不够。也就是说，只讲"还没有人研究过这个问题"还不够。这个问题之所以从未有人研究过，有可能是因为从理论上讲，它并不有趣或重要，甚至在管理上也没多大用处。

例如，新产品的成功因素已经得到了广泛研究，甚至在已经发表的元分析里也会对广泛研究的无数因素进行实证推论。因此，一方面，在这个研究方向的这一点上，问哪些因素跟新产品取得成功息息相关，这种提出理论建构型的研究问题就是个边缘问题，因为已经有研究提出和回答过这个问题了。因此，用定性方法拓展或补充当前有关新产品取得成功的理论十分不切实际。另一方面，虽然关于新产品取得成功的因素的大多数研究都采用北美洲的例子，但是采用东方国家（如日本）或发展中国家（如印度）的数据的论文，在理论上也没有趣味性。

对这个研究或任何研究来说，更强的动机远远不止寻找文献中的漏洞来说明理论不足——当前没有哪个现有理论能解释的一道谜题。说起新产品的成功因素，人们可以用某个理论，如霍夫施泰德的文化维度理论（Hofstede, 2001）来解释特定的文化背景（如何）存在足够大的差异，表明新产品成功因素可能在特定的国家跟得到证实的北美国家不同。由于这个国家具有独有的特征，我们从之前的研究中得到的结论可能不适用于这个国家。总之，令人信服的理论动机需要拓展现存理论，修改当前理论，整合现存理论或者提出新理论，并服务于当前研究的特定背景/领域/主题。

再次强调，评议人只有阅读和消化了论文的讨论和影响部分，才有可能帮作者写出能清晰地体现理论问题的有效引言。即使编辑已经在评议前审核了论文，也可能会在判断**可能重要的**差距、问题或贡献方面犯错。编辑选择的评议人的领域和理论知识往往更丰富，能提供更具体的评估。

研究问题

综合性引言还包含一个清楚、无歧义的研究问题。研究问题跟研究目标或目的的区别在于，研究问题更加聚焦，因而具有可研究性。从定义来看，研究问题以问号结尾。本书可作为说明二者区别的例子，目的在于帮助学者尤其是年轻学者，写出有效的同行评议。但是，本书并不解决某个研究问题。

一些论文有规定的目的或目标，很容易转化成研究问题，而且研究实际上的确也会回答这些问题。例如，"本研究的目标是了解……之间的关系"可以轻松转化为"……的关系是……"。但是，另有一些研究的目的可能太宽泛了，没法进行有效研究，例如,"我们的目的是更好地了解投资组合管理的流程"。或者甚至更加不清晰,例如,"我们的目标是了解投资组合管理"。很多不同的具体研究项目采用了不同的方法,能为每个问题提供部分答案,但是一个项目不太可能在一篇期刊论文中回答整个目的。

好的研究问题会为读者指明课题的类型和文中使用的方法。优秀评议人不会为作者事先准备研究问题,而是会引导作者提出自己的问题。

贡 献

评议人拒绝一篇论文,最有可能是因为该论文对新知识的贡献不足。虽然第9章详细介绍了贡献不足的含义,但是引言部分应该预告论文的主要贡献。这并不意味着所有结果的具体细节都应该在引言中介绍。结果要放在结果部分。引言部分要介绍的是结果带来的最重要贡献。贡献阐述了研究对当前理论做了哪些补充或拓展,或者在定量研究中,创建了什么新理论。深思熟虑的评议人的评论会帮助作者聚焦这部分要展示的一个或少数几个最重要的贡献。作者经常很难觉察有哪些重要贡献,要么凌乱地罗列一大堆潜在贡献,要么没能清晰地陈述任何重要贡献。

一般考虑

除了考虑前面提到的每个点外,优秀评议人还会帮作者撰写符合逻辑的引言,从定位到研究需求,到研究问题,再到贡献。

内容和流畅度都很重要，优秀评议人会明确说明他们的评论针对的是哪个方面。

社交策略的评议人评论

评议人1的评论

引言通过借鉴和整合几个不同的相关文献来定位研究。首先对关键概念进行定义，提供清晰的理论框架来推动研究。

虽然研究目标明确，但还要提供一个具体的研究问题，让读者来评估问题是否有趣、重要。此外，一些公司正在使用社交媒体帮助"人们创造或增强关系、并在公司之间建立社交纽带"，可以通过这些公司的例子对"社交策略"的概念进行验证。

这个部分的主要弱点在于贡献。尤其是，作者需要说明为何研究社交策略至关重要，社交策略如何补充了知识基础观（Knowledge-Based View, KBV）。还需要讨论社交媒体跟创造知识基础观的传统知识流程有何区别，为何研究社交媒体对知识创造的影响至关重要。还有，为何中小企业是该研究的合适对象？

评议人2的评论

引言部分清楚地定义了本研究中的两个重要概念：社交媒体和社交策略。这似乎表明，研究目的是查明社交策略、客户参与创新与获取用于创新的知识之间的关系，以及平台类型（个人或专业）如何调节这些关系。研究以知识基础观为理论基础，作者宣称自己的研究有助于填补空白：如何使用社交媒体填补知识空白，以及这类知识的内容和价值如何发生变化。研究的基本观点是公司可以采用社交策略让客户更多地投入到创新之中，获取新知识用于创新。

引言的优点是，它清楚地展示了两个主要概念的定义，并清楚地表明了研究的总体理论基础。但是，引言也存在几个问题。

首先，引言部分并未提出清晰的研究问题。因此，我们只知道因变量（dependent variable, DV）是出于创新目的的知识量增加，研究性质是实证研究和检验理论。

我认为更严重的问题是，从（原论文）第3页的"社交策略"的定义来看，研究目的的总体论断存在巨大的逻辑漏洞。要研究的概念似乎太漫无边际，无法得出作者宣称的创新方面的结果类型。社交策略的定义是，公司的社交策略能用社交媒体帮助"人们"创建和增强关系和社交纽带，但没有具体说明关系和社交纽带的类型。但是，从那个十分宽泛的定义里，我根本不相信，公司出于某些原因在社交媒体平台上帮助某些不确定的人群，就能有助于公司的创新，更别提提供信息增加创新知识基础了。我在这里明显找不到某些联系。也许提供一些具体案例说明公司是如何采用社交策略帮助增加创新知识基础，会有助于填补这个逻辑漏洞。

最后，考虑到如今人们对社会责任创新的广泛关注，也许描述性更强的概念名称是"社交媒体策略"，而不是"社交策略"。我最初还以为论文可能是关于社会责任创新的。

编辑综合评论

两位评议人均提到，论文没有具体的研究问题来阐明研究目的。第一位评议人谈到的主要问题集中在贡献上，认为论文没有深入挖掘贡献部分，确认研究中提到的理论空白。第二位评议人认为主要概念的定义——社交策略——和宣称的研究目的之间存在逻辑漏洞。

补充评论

发表的论文使用了"社交策略"这个术语。这表明论文的实际评议人并不认为构想的名称存在问题，也没有发现逻辑漏洞。作者又用了几个使用社交媒体的公司的案例，让用户参与到创新活动当中，从而佐证自己的观点。

投资组合管理的评议人评论

评议人1的评论

引言部分明确介绍了本研究的管理和理论动机，并有效地将其置于当前的创新文献之中。此外，这部分还概述了本研究的目标如何填补了当前有关投资组合管理的知识空白，并纳入了作者正在进行的更大的研究项目。

虽然本研究的目的已经明确提出，而且已经提到了预期结果,但是引言部分缺少了本项目将要回答的论述明确的研究问题。好论文应该提供这样的研究问题。

评议人 2 的评论

研究的目的似乎是检验如何采用定性的案例研究方法做出有效的投资组合决策。文中提供了公司案例,论证主题的实际相关性。这部分写得很好,容易理解。

这部分的主要问题是没有说明强烈的写作动机,表明该研究为何必要且重要。只说这个主题的研究"数量稀少"还不足以充分证明研究的必要性,必须清晰地说明推动这项研究的理论或文献空白。

同样,文中提到的"挑战"也相当模糊。这里提到的是哪些挑战,是研究的重点吗?下一段里写道,本研究填补了"部分空白",但是在几句话之后又写道,本研究"完整研究了投资组合的决策过程"。我们不清楚该研究填补了哪些空白,为何人们会/不会研究完整的决策过程。再者,文中并没有定义投资组合管理或投资组合管理决策过程,因此很难理解具体研究的是什么。论文需要清晰定义资产管理、介绍研究目的和具体的研究问题。

本文的理论贡献似乎是要建立一个投资组合管理决策过程框架,但是并没说明为何建立这样一个框架是必要且重要的,该框架会如何增加投资组合管理方面的知识。

因为本研究缺乏清晰的研究目的和动机,所以很难判断是否适合采用定性的案例研究方法。

编辑综合评论

两位评议人都清楚地表示，该论文并没有阐明研究问题。虽然第一位评议人认为，公司在管理投资组合方面碰到的问题，加上引言中引用的对该主题进行更多研究的普遍呼吁，足以让它成为一个调查主题，但是第二位评议人显然不这么认为。考虑到论文并未提供具体的研究问题，第二位评议人质疑该研究是否填补了文献中十分重要的空白，采用的定性研究方法是否合适。

补充评论

不同的评议人具备不同的专业知识，面对相同的研究，他们经常会提供不同的视角和判断。我们可以从这两位评议人身上发现，对于什么才算文献中的"重要"空白，他们的判断可能截然不同，尤其是在人们希望在论文引言部分看见的重要方面——如特别提到的研究问题缺失的时候。在这种情况下，由于有一位评议人支持填补空白的重要性和可能的贡献度，编辑似乎倾向于继续推进发表流程。

第六章

评议理论背景、文献综述和提出假设部分

在这部分，优秀评议人希望确定作者的论文已经具备四个要点：

- 在整篇论文中采用了定义清晰的观念和概念。
- 确定、描述和证明了奠定研究基础的理论视角。
- 评论和综合了现有相关研究文献里的结果。
- 在引用文献的基础上提出了有理论依据的假设。

框 6.1 包含了以上每个要点要考虑的其他方面的细节。

框 6.1　理论、文献综述和提出假设部分要考虑的问题

观念和概念的定义

- 作者是否介绍并明确定义了主要概念、术语和变量？
- 使用的措辞和术语是否清晰、连贯，跟本刊使用的标准术语一致？

第六章 评议理论背景、文献综述和提出假设部分

- 是否有必要采用新术语？或者是否有公认的术语包含相同的概念？
- 缩略词或变量名称的使用是否妨碍了理解？

理论视角

- 是否有中心理论为研究奠定基础？
- 是否充分证明了采用该理论视角而非其他理论视角的合理性？
- 是否对奠定研究基础的理论进行了适当且充分的描述？
- 采用的理论视角是否有道理，还是说有别的理论视角更切合研究目的？

文献综述和综合

- 作者是否明确了所有相关的文献领域，甚至是跨学科领域？
- 是否引用了相关文献中最适合的参考文献？
- 参考文献是否最新？
- 这部分是否不局限于罗列参考文献和结果，而是综合了研究结果，确定了现有知识中的空白？

提出假设

- 采用的理论视角和相关的现存文献是否能充分地论证每个假设？

- 理论视角是否能证实假设中的关系和总体理论模型？
- 是否充分具体说明并确定测试的理论模型（例如，作为一个整体，假设是否能作为描述现象的完整模型的必要和充分条件）？
- 假设是否用可供检验的方式表述？
- 作者是否明确表示哪些概念和变量是自变量或因变量？
- 作者是否明确说明了哪些关系是直接关系、间接关系、中介关系或调节关系，哪些是线性关系或非线性关系？
- 对这组假设的任何图形描述是否准确地表达了假设在文本中的提出方式？

一般考虑
- 这个部分的结构是否有逻辑——这个部分是否"流畅"？

来源： 改编自 Elsevier, 2020b; Hurp, 2012; Rojewski and Domenico, 2005; Wiley, 2019a; Wilson, 2012 和作者的经验。

根据我们的经验，这部分往往是很多论文的薄弱环节，尤其是在初稿中。因此，优秀评议人会提供有力指导，告诉作者该怎样解决这部分的缺陷，让论文距被接受更进一步。

在定性研究（提出理论）和定量研究（检验理论）论文中，

这部分内容会截然不同。在定性研究论文中，提出理论的部分要简短得多，因为按照定义，假设不会在研究实施之前提出，假设要从研究中得出。再者，如果严格采用有充分依据的理论方法，那么研究刚开始就不会有任何理论视角，因为研究目的就是要提出理论。但是，即便是定性的、提出理论的研究，也需要提出和定义术语，审查和综合跟当前研究的特定现象有关的知识，研究必须在针对该现象的已有知识背景下进行。

观念和概念定义

在所有研究中，重要的是要确保使用的概念和观念是清晰的，"……当你无法定义概念时，往往是因为你尚未决定自己想让概念代表什么"（MacKenzie, 2003, p. 325）。如果论文一开始不讲清楚研究的现象或概念，那么整篇论文，甚至是整个研究都可能是"垃圾进，垃圾出"。

此外，采用适合某个特定领域的措辞，对评议人理解和接受论文至关重要。不同的领域使用不同的术语指代类似的概念。例如，研究创新的学者用"项目选择"决定指代决定，而研究营销的学者用的是"概念选择"。论文投稿的期刊所属的领域会影响论文使用的术语。

优秀评议人会指出论文中概念定义不完整，术语跟现有文献中的不一致，术语在通篇论文中使用不一致的问题。他们也会指出缩略词或变量名称妨碍读者理解的情况。

理论视角

从我们做编辑的经验来看，虽然大多数论文都会说明报告的研究中采用的理论视角，但是很多论文并没有充分描述该理论的要点，读者无法理解理论是如何适用于并推动目前的研究的。正如第 5 章所言，对任何研究而言，有说服力的动机都不只是确定文献空白，而是要指出理论空白——现存的理论解释不了的难题。再者，很多作者并未提供有说服力的理由，说明**为何选择了特定理论**。优秀评议人鼓励作者展示自己选择特定理论视角的原因。他们还会指导作者适当且充分地描述支持研究的理论，这样读者就能理解为何采用它们以及如何推动当前的研究。

文献综述

优秀评议人会为作者指出次要文献领域和所有领域内的论文，因为他们认为其中可能包含跟当前研究相关的其他或者更新的结果，尤其是那些已经填补了本研究想要填补的文献空白的结果。优秀评议人不会只说一句"文献综述太老，需要更新"，而是会提供一个或多个具体的参考文献。

高质量评议还会指出这部分是否只简单罗列了某个主题中不连贯的理论或出版物，没有对现有文献里的发现进行综合，并提供可能的解决方案。文献综述会融合不同文章里的结果，创建现有知识的总体架构，接着对当前文献中该领域的已有知识和空白进行总体评估。优秀评议人会指导作者如何将引用的文献从简单罗列单独的论文和结果变成文献综述，让结果变成具有连贯意义的结构。

定量研究（检验理论）论文的特殊考虑

理论视角

在检验理论的论文中，理论推理需要支持研究中的每个假设，但这点往往被省略。然而，论文中可能出现的更严重的问题是，研究者不是将一两个理论结合起来作为总体的视角，而是引进多个不同的理论去验证不同的假设，但这些理论和假设没有整合在一起。优秀评议人会帮助作者不再从罗列的理论中将五花八门的假设放在一起，而是提出一套从一个理论基础上连贯得出的假设，或者是用新方法连接或整合两个理论基础的假设。

假 设

评估假设的建立需要注意逻辑和语义的细节，理解形成假设的理论基础和文献。优秀评议人会单独考虑每个假设的理论建构的充分性，接下来还会考虑需要检验的一整套假设的实用性。需要检验的特定假设既需要从理论视角证明，也需要从综述的文献中证明。优秀评议人会检查每个假设的论证，找出与理论基础或文献有关的任何问题，从理论和文献中得出每个假设的逻辑。

评议人会评估每个假设的语义清晰度和可检测性。假设应该考虑概念（而非变量）之间的关系并且具备方向性。措辞应该清晰地表明关系效价（正/负）和线性或者哪种形式的非线性。陈述还需要清晰表明两个概念之间假设的关系的性质：直接、中介或者是调节关系。优秀评议人不但会标记这些问题，还会提出清晰的建议。

最后，优秀评议人会评估并指出任何描述假设的图形是否真正代表了假设所建立的关系。如果没有提供图形，这些假设是否有助于读者有条理地理解研究内容？

一般考虑

除了考虑本章开头提到的四个要点之外，优秀评议人还会帮助作者创建一个符合逻辑的理论基础部分，从概念定义到理论视角、文献综述和综合，再到假设的提出和陈述。内容和流畅度都很重要，优秀评议人会讲清楚每条评论针对的是哪个方面。

跟论文引言部分的评论一样，只有读完结果或讨论部分，才能建议哪个理论应该被遗弃，以及/或者该如何综合这些理论。

社交策略的评议人评论

评议人1的评论

引言部分已经定义了关键概念，因此在这部分不再赘述。但是，考虑到有不同类型的社交媒体，作者还指明了本研究聚焦的

第六章　评议理论背景、文献综述和提出假设部分

媒体类型。文章简要介绍和论证了研究依据的理论视角。与客户使用社交媒体的外部知识和动机相关的文献跟正在研究的新概念——社交策略——联系起来。文章找到了清晰的文献空白。

理论与文献综述直接引出了第一个假设。将文献综述跟假设论证分开可能有利于读者阅读，尽管考虑到这部分的结构，我理解这样做可能有点困难。

文章还提出了证明和支持调节假设（H3 和 H4）的第二个理论视角，清晰地描述了理论和其与社交媒体平台的联系。

假设 1 和假设 2 表述清晰，尽管假设 3 和假设 4 可以用一句话更简洁地表述。

图 1 提供了正在被检验的关系的模型，有助于读者弄清分析里要检验的内容。但是，把这些关系的预期符号（正或负）标记出来会十分有用。

我很好奇作者为何不再加一个关于中介关系的假设，即客户参与社交媒体创新能调节社交策略和获得创新知识之间的关系。

评议人 2 的评论

论文的这部分以知识基础观为基础，提出了研究中会实证检验的四个相关假设。之前提出的研究论断和在假设中使用的概念，跟模型中展示的论断和概念存在某种脱节（图 1）。此外，一些假设的逻辑论证并不具有说服力。这些也许可以通过更加仔细和明确地定义概念来解决，还可以采用不同的逻辑论证形式来解决这些问题。

之前的研究似乎已经很好地支持了 H2。H3 和 H4 似乎也得到了逻辑上的支持。但是，H1 的论证似乎相当薄弱。并且，H1 的概念定义存在最大的问题。

文中的 H1 表明，（公司的）社交策略跟客户参与社交媒体的创新呈正相关关系。之前提供的社交媒体定义没有具体说明社交策略的具体目标，只是讲联系社交媒体上的"人"。此外，H1 也未具体说明"创新"的定义，尤其是"谁的"创新——到底是一般意义上的创新，还是特定核心企业的创新。因此，H1 的内容也许可以被理解为，出于任何原因让任何一群人在社交媒体上联系在一起的公司会发现，那群人通常更有可能参与创新。从公司的角度来看，这笔钱用得似乎不那么划算。

为了得出 H1，文章基本会从以下五个要点进行论证：

- 公司需要外部信息，这通常可以从社交媒体上的"人"那里获得。
- 有各种不同的社交媒体可以用来创建社群。
- 客户参与创新可以在四方面起到帮助作用。
- 公司可以吸引客户加入社交媒体网站，从客户处获得帮助。
- 人们加入社交媒体网站是出于两方面原因（他们认识彼此，具有相同的兴趣爱好），我们可以鼓励他们加入。

虽然每个要点本身似乎有效，并且这个论证将客户视为有用的创新信息来源，但是 H1 当中定义和包括的"社交策略"的基本概念根本未提及总体社交策略的目标是谁，他们是否有可能是

第六章 评议理论背景、文献综述和提出假设部分

客户。再者,由于相互认识或者具有相同的兴趣爱好而加入网站的"人们",他们之间的联系——这样做能提升"客户"参与创新的力度——似乎在论证中完全消失了。

总体而言,在我看来,该研究试图研究针对公司客户的社交媒体策略,也许是通过允许客户分享共同兴趣(而不是因为他们相互认识,参考前述要点 5),从而获得客户可以提供的 4 种类型中的一种或多种类型的信息(参考前述要点 3)。(原论文)图 1 中最左边的气泡中,公司的客户被列入括号内,作为所考虑的社交策略的目标,支持了这一观点。但是,社交策略之前的定义不是这样,表明论文不同部分在使用该概念时存在严重的不一致。如果目标是客户,那么作为主要策略前因的概念可能最好称为"以客户为目标的社交媒体策略"或其他类似的表述?换言之,声称总体"社交策略"甚或"社交媒体"是本研究的焦点,实在是言过其实。

引言和提出假设部分最好能从一开始就仔细定义概念并在整篇论文中保持一致性,反映实际研究对象,然后再用更加流畅的论据支持这些概念的具体性质。

编辑综合评论

两位评议人都认为假设部分存在问题,但是又有所区别。第一位评议人认为 H3 和 H4 的表述可以更加简洁。第二位评议人给出了详细的意见,继而表示论文的中心概念即社会策略的定义不明确,导致论文中的用词前后不一致,H1 的概念和论据失调。

修订后的稿件应该澄清社交策略的定义是以客户为中心的，因为这一点在整篇论文的前面都有暗示。这样，就有可能消除研究的概念跟声称的焦点之间的不一致和脱节现象。

投资组合管理的评议人评论

评议人 1 的评论

引言部分明确提出了本研究的管理和理论动机，并在现有创新文献中对其进行了有效定位。文献综述既呈现了引用的特定研究结果，又将它们予以综合，从而确定了具体的知识空白。这部分概述了本研究的目标如何填补了知识空白，融入作者正在进行的更大的研究项目。

但是，所引用的论文尤其是讨论承诺升级的论文太老了，只有一篇是 2006 年的，其余都是 1996—1998 年的。库珀的实证研究距今也有 10 年时间。这不免让人担心，引用的这些文献是否最新，或是否能作为定位整个研究的最好方法。

此外，虽然研究的目的已经明确告知，还提到了预期结果，但是"研究问题"部分实际上并没有包含该课题所要回答的清晰表述的研究问题。论文在修订稿中需要提供这样一个以问号结尾的研究问题。

还有，在论文的前面部分，更明确地定义一些术语会有助于读者理解，包括很重要的术语，像"产品开发投资组合"和"投资组合管理"到底是什么意思（第 3 页），还有不太重要的术语，例如"策略桶"（第 10 页）。

最后，虽然这些部分行文清晰、逻辑严密，但是太长了。在不大规模删除内容的情况下，可以去掉两到三页内容吗？

评议人 2 的评论

这部分概述并综合了单个项目决策的两个研究领域——选择和终止——接着继续讨论少数几个专门针对投资组合管理的研究。

跟引言部分一样，这部分没有对"投资组合管理"或"投资组合管理决策"下定义。作为研究的关键要素，这些术语必须有定义。其他术语如"策略桶"等也需要下定义。

在定量建模方法这一节中，最好能举个这类定量方法的例子。在第 5 页，作者表示这些定量模型"得到了理论验证"，但是没有证据支持这一结论。实际上，我很难相信这些模型是在理论的指导下制定的。

"文献空白"这部分在强调文献空白和当前研究焦点方面要比引言部分好得多。前一节也需要这样的说明。

"研究问题"部分也比引言部分更加清楚，为选择定性研究方法提供了更好的理解。我再次建议在前一节提供类似的说明。最好是能提出一个以问号结尾的具体研究问题。

编辑综合评论

两位评议人都反复强调需要提供清晰的研究问题，并对支撑研究的一些重要概念提供更加完整的定义和解释。虽然第二位评议人这时候表示，开展这项研究的动机从这部分开始变得更加明确，但是第一位评议人则表示出了更多的担忧，尤其是当用来确定本研究要填补的文献空白而引用的一些文献相当过时时。

首先，修订版论文需要在引言部分就提出正式研究问题，在为何某个定量研究适合用来回答该问题方面指引读者。其次，应该尽早在论文中对作为问题基础的概念下定义。最后，第一位评议人似乎认为需要介绍研究的管理需求，但是第二位评议人并未提出这个要求。第二位评议人似乎认为应该对研究的必要性提供更详细的文献综述，而第一位评议人更关心这部分所引文献的年代。因此，如果论文的引言部分能从管理和更新的学术或理论视角提供开展这项研究的原因的话，会更容易让评议人接受。

补充评论

这是一项定性研究，没有形成假设。但是，即使这是一篇有依据的理论研究，作者还是需要从一开始就说明论文对现有文献的贡献。对比初稿和最终发表的论文（Kester et al., 2011），我们可以发现，在引言部分，作者删减了研究的管理动机，加入了一些文献引用来支撑理论动机。已发表的论文文献综述部分几乎跟初稿完全一样。有意思的是，最终的论文里仍然没有提供清晰的研究问题和明确的概念定义。

第七章

评议研究方法

方法部分的内容会因所用研究方法类型的不同而产生巨大差异：通过因果实验或定量方法（例如调查）进行的理论检验，通过定性方法（例如访谈、案例或者系统文献综述）提出理论。期刊论文的这部分展示了开展研究时的活动和技术细节。评议人的目的是评估论文提供的有关研究严谨性的证据，并判断研究是否以有效、客观和可靠的方式实施（Rojewski and Domenico, 2005）。这样，优秀评议人就能表明自己担心的是论文使用的方法，还是方法的表达方式，又或是不清楚问题到底出现在执行上还是解释上。

跟评议引言或理论背景/文献综述/提出假设部分相比，评议方法部分相对而言更加直接。这是因为，判断"方法严谨性"的标准可以从文献中找到，它不受你采用的评议方法的影响。但是，还需要注意，期刊对这些标准的预期会有所不同。例如，一些期刊要求所有调查研究具有多样化的受访者，从而使共同方法偏差最小化。而另外一些期刊在特定情形或背景下可能会接受单一来源的受访者。评议人要想提供适当的评议，就必须熟悉特定期刊的评议人指南和方法预期。但通常情况下，评议人比较容易判断方法问题：跟研究是否填补了重要的知识空白或者贡献了足够的新知识相比，判断什么是方法硬伤往往更加容易。

但是，在方法部分，优秀评议人需要留意信息是"如何"传达的（例如，指出某个严重的方法缺陷或硬伤）以及传达了"什么"。指出方法的缺陷很容易，但是要帮作者弄明白如何在未来的项目中提高方法实施能力，或者更有效地介绍他们在该研究或未来的论文中采用的方法，则需要更多的时间和思考。

不管研究是要提出理论还是检验理论，优秀评议人都会考虑研究方法的以下六个方面（Elsevier, 2020b; Elsevier and Sense about Science, 2019; Rojewski and Dominico, 2005）：

- 总体研究设计。
- 样本和被试。
- 方案及其制定。
- 数据收集。
- 数据准备。
- 数据分析。

框7.1列出了指导每个方面的评议内容的具体细节问题，特别考虑了定量数据分析和定性数据分析的问题。

框 7.1　评议研究方法时要考虑的问题

总体研究设计
- 研究的设计、方法和分析是否适合当前的研究问题?
- 问题描述是否足够清晰,同行可以重复研究得出相同结果吗?

样本和被试
- 样本和被试的来源是否得到描述和证实?
- 样本和被试是否得到充分的描述和刻画?
- 样本和被试是否适合研究问题?
- 样本和样本量是否足以为定性研究提供理论效度、信度和概括性(案例、受访者、访谈者和其他数据来源数量),或为定量研究提供统计效力(总样本、每个单位的样本量)?

方案及其制定
- 用来制定研究方案和工具的程序(实验程序和操作、访谈指南、调查)是否得到充分描述?
- 作者是否参考和遵循之前发布的方法标准?
- 方法描述是否完整、准确和充分?
- 文中是否包含补充材料,例如访谈指南、调查问题或实验程序和工具?

第七章 评议研究方法

数据收集

- 如果涉及人类和动物,是否报告研究获得了道德或伦理审查委员会批准。在你看来,研究符合道德吗?
- 是否充分解释数据收集流程?
- 是否实施数据收集流程,降低伪造受访者的可能性(例如,在线调查机器人程序)?

数据准备

- 数据是否被清理,去除异常值以及漫不经心或不可靠的受访者?
- 是否充分解释并论证了数据清理程序?
- 数据是如何从原始形式转换为分析中使用的形式的?
- 是否充分解释并论证了数据操作流程?

定量数据分析

- 测试的理论模型是否完全指定和确定(例如,作为一个集合,这些假设是否能作为描述现象的完整模型的充分必要条件?)
- 统计分析的方法是否合适,是否严格按照现行标准执行?
- 信度、效度和概括性是否已按现行标准进行了充分的评估?
- 作者是否采用完整、准确和可理解的形式描述数据分析(包括效度和信度)?

定性数据分析

- 分析的方法是否合适，是否严格按照现行标准执行？
- 作者是否讨论过对数据分析进行效度和信度评估？
- 作者是否提供足够的证据证明他们的数据分析具有充分的效度和信度？
- 作者是否采用完整、准确和可理解的形式描述数据分析（包括效度和信度）？

一般考虑

- 使用的词句和术语是否清晰，跟这类研究中的标准术语相一致否？
- 这部分的组织结构是否符合逻辑——这部分是否"流畅"？

来源：改编自 Elsevier, 2020b; Hurp, 2012; Rojewski and Domenico, 2005; Wilson, 2012 和作者的经验。

对所有的方法部分，优秀评议人都会评估以上每个方面的两个基本问题：研究者是否正确使用了恰当的方法，是否足够清晰地讲解这些方法以让其他研究者可以重复？可能需要经过第二轮评议，才能确定与方法有关的问题是出现在执行方面还是仅仅在报告方面。如果是在执行方面，那么评议人只能从修订版稿件中确定论文是否存在方法上的硬伤，需要拒绝稿件不再考虑发表。

正如第 3 章所言，方法严谨性标准会随着时间的推移发生改变，此外还会因研究类型而发生变化。因此，使用的方法应当遵循最近的方法严谨性标准。帮助不大的评议会指出"论文使用的方法未达到当前标准"，但不会提供进一步解释。虽然评议人决定建议拒绝该稿件，但是这类不具体的评议让人无从得知该**如何**改进论文。而高质量评议的目标就是要改进论文。优秀评议人会提供具体细节，告知方法的**哪些**方面存在缺失，或者内容全面但是不正当、不合适或令人困惑；指出方法**为何**或者**如何**不正当、不合适或令人困惑；提供作者尝试解决这些问题时可以采取的**方法**。这可能包括引用具体论文说明评议人正在参考的现行方法标准。

总体研究设计

一般情况下，评议方法时首先要考虑的问题是采用的基本研究类型（定性还是定量）是否符合研究问题。定性方法最适合解答跟发展理论相关的"如何"或"为何"之类的问题。定量方法最适合解答跟检验理论相关的"多大程度上"的研究问题。

使用的方法是难以改变的——在这时候，方法不能改变。但是，我们不能因论文在解决研究问题时使用了不恰当的方法而断然拒绝论文，不妨问一问如果方法实施得当，方法和结果是否可以用来解决更合适的研究问题——尽管是在不同的稿件或不同的期刊上。在这种情况下，优秀评议人既要拒绝方法上存在硬伤的论文，又要具有建设性地起到促进作用（而不是破坏性的批判），但是又不必亲自修改研究问题、重新设计研究或修改稿件。优秀评议人会为论文作者指出更加富有成效的方向。

定量研究（检验理论）论文的特殊考虑

从很多方面来看，定量研究方法上的硬伤要比定性研究的更容易发现。调查和实验研究项目在实施之前会进行完整而严格的设计。优秀评议人要判断样本（恰当数量的恰当受访者）和变量（关于所有必要概念的以恰当方式提问的恰当题目）是否足以很好地检验提出的假设，是否使用了正确的分析方法，分析是否正确，是否没有分析错误。

硬伤很有可能来自收集的数据，而不是分析方法。分析方法可以改变，但是数据（数字）却无法改变。数据一旦收集完，就不能改变。

如果使用的样本不合适，例如用学生样本来检验组织问题，那么在不重新确定调查范围的情况下是不能改变样本的。如果调查中未包含对理论模型十分重要的变量，那么就不能检验变量。再者，即使调查中包含了某个概念的变量，但是并没有用当前的严谨性标准进行操作性定义（例如，操作性定义为"是"或"否"的二分法单道题），那么就不足以检验假设。出现这些问题后，需要彻底重新开展研究，论文可能会因出现方法上的硬伤而被拒稿。

有的研究使用的是二手数据。这时候，判断数据来源、数据收集方法和数据类型就变得更加重要。政府（例如，很多欧洲国家每年进行的与商业相关的调查）、专业协会（例如，产品开发与管理协会最佳实践研究）或知名的品牌数据［例如，信息资源公司（Information Resources, Inc., IRI）扫描数据，《商业周刊》（*Business Week*）和《华尔街日报》（*Wall Street Journal*）］通常值得信任。这些数据很可能已经在同行评议过的研究中使用过，可信度进一步增强。但是，评议人需要留意数据的年代。一些二手数据并不是每年都收集，可能多年前就已经不再收集了，因此可能不够新。例如，信息资源公司的客户购买扫描数据只更新到2011年，距离写作本书已经过去了将近10年时间。自那以后，消费者购买和消费商品的方式已经发生了很大变化。此外，在标准化调查中，问题和提问的方式都不受学术研究者的控制。问题形式可能不符合当前的变量测量严谨性标准（例如，单一题目或者简单的二分法，即"是"或"否"的题目），或者不直接适用于研究问题。实际上，这是评议人审核二手数据时面临的主要问题：这些数据是否符合研究目标、研究问题和概念的操作性定义，形式是否足够严谨？

但是，优秀评议人不只提供一个如"因出现硬伤而拒稿"的粗略的评议，还会建议作者在未来的研究中如何应对硬伤，避免重蹈覆辙：评议人会帮助作者避免在未来的研究中因出现相同的方法上的硬伤而被拒稿。这可以通过提供评议人评论来实现，评议人可以就违反严谨性的研究的各个方面对作者进行指导，使其了解什么才是严谨性。这里我们特别使用"指导"一词。在评估方法部分时，优秀评议人的意见是起促进作用的，而不仅仅是批评性的。

优秀评议人也会小心翼翼地区分那些为证明严谨性和充分检验假设所必需的数据和分析的改变，与那些仅仅是"不错的"、使用评议人喜欢的分析技术或检验额外的（评议人感兴趣的）假设的数据和分析的改变。没有完美的研究，在实施研究时总需要权衡取舍。因此，可取的做法是，只要求作者做出必要改变，让研究达到可以在期刊发表的水平。

人们有时候很难确定到底是研究的方法实施效果差还是表达效果差，或者二者兼而有之。尤其是，初稿可能会遗漏明显的预期信息，例如有关受访者的描述性信息、相关表、信度效度检验和共同方法偏差。评议人需要评估和确保提供有关方法各类要素的足够细节和信息，这样读者就能理解方法是如何实施的，在想要的情况下可以重复该方法。论文不必交代每个技术细节，例如使用的统计程序版本，但是需要向评议人明确说明，论文使用的方法和分析符合当前的严谨性标准，已经得到正确采用。优秀评议人会指导作者在完整性和简洁性之间取得平衡。

定性研究（提出理论）论文的特殊考虑

过去15～20年里，在商业相关的定性研究中，严谨性标准已经明显变得越来越正式（Gioia et al., 2012; Goffin et al., 2019; Griffin, 2012; Pratt, 2008, 2009）。同一时期，我们作为评议人或者编辑评议的定性研究论文中，绝大多数（超过90%）都因研究方法不完善而遭到拒绝。即使那些能够通过初筛而进入了评议程序的稿件也是如此。实际上，普拉特（Pratt, 2008）对管理领域定性研究的评议人进行的一项调查显示,大约 2/3 的受访者认为,方法和分析缺失或不完整是论文的缺陷。例如,研究声称是"案例研究",却只报告在一两处方便的研究地点跟所有与复杂现象有关的人中的一个或几个人进行的一系列非正式访谈;"系统研究综述"不包含已知领域、领域内的期刊或期刊里的论文的"系统";定性分析单纯地呈现为"遵循格拉瑟和斯特劳斯(Glaser and Strauss, 1967)和尹(Yin, 2009)"的编码方式。

优秀评议人会指导作者写出定性研究方法和分析部分,让读者相信论文下一部分报告的结果代表"真相"(Silverman, 2017)。定性研究中的主要"数据"是引语,通常出现在结果部分,以"证明引语"表格的形式提供关于概念的意义和相互关系的一般化证据,或者在文本里作为"效力引语"用讲故事的模式构建现象背后的理论(Pratt, 2009)。证明引语表格跟实证研究的汇总统计表格类似。基于样本、样本中的受访者、数据收集、准备和分析方法的信息,评议人要评议的主要问题是,他们是否相信作者在获得、收集和分析数据时足够小心,另一名具有类似态度和观点的研究者用相同方法收集和检查这些数据,用类似的理论框架是否会得出类似的结果。

在初稿中,很难判断定量方法部分的问题是出现在样本、数据收集和数据分析方面,还是出现在对这些方法的介绍方面。样本如果对现象不十分熟悉的话,可能无法充分地传达有关现象的有用信息。访谈方案如果只调查一般问题的话,哪怕遇到的是一位知识渊博的受访者,可能也无法充分挖掘现象的细节,获得有用结果。又或者,分析可能未充分挖掘访谈内容的细节,揭示理论发展中的复杂关系。这些根本原因导致的结果可能相同——结果部分只是通过揭示概念之间的复杂关系，对真正提出理论的部分进行描述或者概念排序。要找出可能的根本原因所造成的难度的源头可能很困难。评议人可能要先考虑定性研究的结果部分，才能对方法进行有效评论。

大多数定性研究的初稿错在提供的信息太少，而不是太多。再次强调，成为定性研究优秀评议人的关键在于，不能仅仅识别缺乏某种严谨性，而是要提供建设性的促进意见，为作者指明方向，积极提升作者对适当的定性方法的理解和阐释能力，以服务于本论文和未来的项目。

方法评议：学习机会

那么，评议人碰到的论文采用了他们不熟悉的方法该怎么办？如果评议人几乎完全不懂论文的所属领域或理论基础，那么最好是拒绝邀请。但是，如果评议人具有某领域或理论专业知识，那么评议采用了他们不熟悉的方法的论文可以提供重要的学习机会，同时通过提供关于研究定位、重要性和贡献的周翔建议帮助编辑人员。但是，优秀评议人在评论中会向作者和编辑明确表示，自己并未评估论文中使用的方法，而是留给具备相应专业知识的评议人去评判，否则有可能导致评议人之间的建议出现冲突。

社交策略的评议人评论

评议人1的评论

研究采用了定量调查检验概念模型。两个地区样本的描述性信息均已提供。表1提供了联合样本中的450个受访者，但是似乎只分析了350个受访者，对吧？你能解释一下另外100个受访者是为何以及如何被删除的吗？再者，由于样本来自世界上两个不同的地区，最好是提供数据表明每个子样本都是相应人群的代表性样本。另外，需要用统计检验比较两个样本所有变量的平均数，证明组合两个样本的合理性。

表2展示了所有测量题目，文字部分描述了创建社交策略和一般参与水平这两个新变量的过程。但是，作者并未交代如何区分个人和专业社交媒体平台的使用情况。公司似乎不太可能只使用其中一类平台，那么受访者是如何分成两组的？每组里有多少家公司？

论文开展并报道了信度、效度和多重共线性检验。由于论文中使用的是单一的受访者，文中还讨论了为将共同方法偏差降到最低而采取的程序。表3展示了变量的预期描述性信息。

作者提到和纳入了3个控制变量。但是，考虑到样本的特殊性，可能还需要纳入更多控制变量，如地区（北美洲对欧洲）、行业（表1），从而确保结果的效度。

论文采用结构方程模型检验假设1和假设2，用多群组结构方程模型检验假设3和假设4。该分析适合数据和样本量。

评议人 2 的评论

新概念的操作性定义和分析方法似乎遵循了当前的严谨性标准。有意思的是,新创建的社交策略变量的所有 13 个题目都跟一个而不是多个变量一致。

但是,由于针对所有概念(尤其是"社交策略")的研究调查(表 2)中的变量的操作性定义均与客户相关,因此引言和提出假设部分,除了总体的研究目的外,所有的论断甚至是标题都需要全面修改和完善,以反映研究更具体的性质。

方法部分最大的问题在于,它混淆了样本是如何分成个人和职业平台进行分析的。方法部分表明,样本中只有 39% 的人用脸书这个纯个人平台作为主要的社交媒体策略工具,而只有 15% 的人用纯职业平台领英作为主要社交媒体策略工具,二者加起来只占 54%。似乎其余 46% 的人用其他平台。为了检验 H3 和 H4,作者已经把它们归入个人或职业平台。但是,作者并未说是如何分类的,甚至没说每个类别有多少比例的样本。表 5 里没有提供样本量统计数据,表 3 里只提供了整体汇总数据。更好的方法部分应该提供两个不同平台类型的统计数据,并提供差异的统计学意义。有趣的是,你可以说,39% 的脸书用户及 15% 的领英用户提供了最初(微弱的)证据:公司认为个人社交媒体策略比职业社交媒体策略更加有用或有价值。

编辑综合评论

两名评议人表达的主要担忧都围绕在数据准备方面。具体而言，作者并未交代样本是如何分成个人和职业平台开展适度分析的。在第二名评议人看来，这部分证实了他们之前对研究真实目的和概念定义的困惑。

补充评论

我们前面说过，方法的严谨性标准会随着时间推移而变化。附录3提供了一部分参考文献，明确了写作本书时定量研究方法的一些现行标准。

投资组合管理的评议人评论

评议人1的评论

虽然这部分完整列出了所有程序，似乎表明作者理解并严格实施了有理论依据的方法。也许内容有些长，有5页，包括2个表和1张图。在不大规模删减内容的情况下，可以去掉1～2页吗？

此外，虽然表1对4个案例都提供了汇总数据，但是案例研究更常见的做法是提供全面的案例描述，尤其是在附件或附录中描述相关现象。例如，请参考 Gina O'Connor (1998), 'Market learning in radical innovation: A cross-case comparison of 8 projects', *JPIM*, 15(2), 151–166。

评议人 2 的评论

作者提供了正当理由说明研究中为何选择多案例方法，为何选择了这些公司样本。在看表 1 时，最好解释一下每家公司的技术水平是如何确定的，因为论文里没有提供这条信息。此外，在案例描述中，往往应该提供每个案例公司的更多细节。说到这项研究，这些描述应该包括以下信息：提供的产品或服务类型、公司的竞争优势、投资组合决策使用的架构、谁参与制定决策。

作者对论文中使用的多种方法进行了清晰而广泛的讨论。作者尽管提供了对访谈主题的总结，但是实际访谈方案应当改进，以便让读者更具体地看到访谈问题。

图 1 虽然好，但是似乎没有必要，因为论文里已经提供了细节。更好的图应该展示数据结构，包含第一级、第二级和总体层级。再者，论文没有数据表定义模型里的每个概念，为每个概念提供证明引语（Pratt, 2008, 2009），将概念跟现有理论和文献联系起来。还需要实际数据证据提升表述内容的可信度。论文应当用数据表展示模型的四个主要成分：文化因素、决策输入过程、投资组合决策过程和投资组合决策的有效性。

参考文献

- Pratt, Michael G. (2008), 'Fitting oval pegs into round holes: Tensions in evaluating and publishing qualitative research in top-tier North American journals', Organizational Research Methods, 11, 481–509.
- Pratt, Michael G. (2009), 'For the lack of a boilerplate: Tips on writing up (and reviewing) qualitative research', Academy of Management Journal, 52(5), 856–862.

编辑综合评论

两名评议人都表示，论文中采用的方法符合当前的严谨性标准。但是，若能提供访谈方案和更详细的案例描述，会使这部分内容更加出彩。

补充评论

我们之前已经提到，有关方法的预期随时间的推移而发生改变。这部分遵循了2009年定性方法的大多数标准。普拉特的论文最近才发表，可是2009年以后，定性方法的标准已经发生了巨大变化。因此，当年的期刊和评议人对定性研究的预期不同于今天。考虑到论文完全没有提供引语证据，今天的评议人对论文的这部分内容可能会提出更多批评意见，甚至会建议拒稿。但是，要强调的是，如果评议人知道最近的哪些论文里出现过的方法问题也适用于当前正在评议的论文的话，那么他就有责任为作者提供这些论文来源。

附录3里提供的其他方法类参考文献显示了从2006年到写作本书的2020年，定性研究方法标准的演变。

第八章

评议研究结果

论文的结果部分会报告研究结果，并用表格和图形展示结果。评议人的任务，就是评议文字和图表结果，评估论文的完整性、准确性、一致性，以及最重要的意义和可信度。对结果的完整性、准确性和一致性的评估要比对结果的意义和可信度的评估更加客观，因为意义和可信度需要更多的判断。

针对研究结果，优秀评议人会确保作者的论文包含以下四个成分：

- 完整、准确、一致地报告结果。
- 运用图表以适当、可理解和令人信服的方式呈现结果。
- 区分重要、可信的结果跟不显著、不重要的结果。
- 未违反道德准则或者出现学术不端行为。

框 8.1 包含了以上每个具体成分中要考虑的具体问题。

框 8.1 评议结果部分时要考虑的问题

结果报告

- 结果能完整回答研究问题吗?
- 方法部分的每个研究和分析是否都有结果报告?
- 是否报告了任何未描述的研究或分析的结果?
- 方法的文字描述是否跟图表内容相匹配?
- 在定量研究中,是否进行了适当控制和稳健性检验?
- 定性研究结果是否不仅仅停留在描述和概念排序阶段,而是提出了理论?
- 定性结果报告中的提出理论是否包括提出正式假设或命题?
- 是否**需要**额外数据、分析或研究来提升论文质量?

结果展示

- 是否采用有条理、符合逻辑的方式展示结果?
- 是否呈现了所有必要的图表?
- 是否有必要呈现所有图表?
- 图表本身是否容易理解?
- 图表和图表内容是否加入了适当的标签?

区分有意义、可信的结果跟不重要或不显著、未经检验的结果

- 结果是否得到正确的解释?

- 定量结果是否足够重要而且统计上表现得显著——结果是否有意义？
- 定性结果中的数据能否准确反映数据标签？
- 在关键引述和证据引述中是否显示了足够的证据广度，以证明定性研究结果的可信度？

道德问题或不端行为
- 研究结果是否会引起道德问题或学术不端行为方面的担忧？

来源： 改编自 Elsevier, 2020b; Hurp, 2012; Rojewski and Domenico, 2005; Wilson, 2012 和作者的经验。

跟我们在研究方法部分（第7章）的讨论类似，提出理论和检验理论的结果部分有明显区别。因此，面对不同的方法，评议人的任务也会有所不同。两类结果的展示都必须完整、可理解。但是，定量研究的结果通常以文字和图表中的数字形式呈现。而定性研究的结果以词语形式呈现在表中，表中包含对概念、构想的定义和操作化，以及各种概念之间相互关联的因果关系，另外还会用更多表格展示引语证据支持这些假设的关系。此外，在定量研究中，更重要的是判断研究的意义，而在定性研究中，更重要的是检验结果的可信度。最后，无论是哪一类研究，评议人都还需要考虑，研究结果是否表明作者有任何道德违规或学术不端行为。

定量（检验理论）研究的特殊考虑

评议人可能会认为，评议最容易的部分就是评议量化结果：要么有具有统计学意义的结果支持假设，要么没有。论文要是没有具备统计学意义的结果，就不会让评议人评议，对吧？因此，肯定有"好"结果（至少作者是这么认为的）。再者，跟论文其他部分相比，结果部分的结构相当标准和直接。

但是，评估定量结果需要特别留意细节，包括文字里报告的内容（包括任何数字）和图表里包含的内容。

结果报告

定量研究论文至少应该报告所有假设的结果，而结果反过来也应当全面回答研究问题。顶级期刊往往会要求报告控制变量效应和适当的稳健性检验结果。论文可能需要提供描述性结果，讲述更加有说服力或者更丰富的故事。优秀评议人会注意到哪些结果缺失、报告不一致、被夸大或低估，以及哪些结果的解释不正确，然后明确表示应该报告哪些结果，该如何配置这些结果，以最大程度地帮助读者理解论文内容。

评议人在评议定量研究结果部分要考虑的另一个主要问题是，作者是否在无因果关系、甚至是不能检验因果关系的地方，推断出了因果关系。只有受控的随机实验才能证明因果关系，描述结果的语言才是确定的。但是，调查研究检验的是相关性或关联性，不是因果关系。因此，评议人需要评估并指导作者如何用适当的方式表述结果。

结果展示

对评议人来说，最难评估的是那些在表达方式上根本无法理解的结果部分。使用从统计程序里导入的变量、题目编号或标签，而不是概念的名称；到处使用缩略词；表格凌乱或者直接从统计程序结果里复制或是图表缺失轴线或数据标签都可能会导致混淆。在最好或最坏的情况下，可能被评议人当作有意造成混淆。就算怀疑出现混淆，优秀评议人也不会仅指出他们对结果的展示感到困惑，而是会说明让他们感到困惑的具体内容，感到困惑的原因，甚至会提出建设性意见以避免让读者感到困惑。在最坏的情况下，评议人可能不得不要求作者先把结果部分改得容易理解，然后才能对结果的质量做出最终判断。

结果的意义

总体而言，定量研究报告中，最需要评议人判断的是确定结果是否"有意义"。反过来，意义需要仔细检验统计显著性和效应的大小。统计显著性表示是否存在效应，而效应的大小是指关系的强弱或重要性。大样本，如零售店扫描数据分析的样本，可以得出具有很强统计显著性（$p < .0001$）但不重要的结果，因为最终的变量系数或差异太小。图表若只包括整体测量尺度的一部分，不同操作的实验结果差异可能会显得比实际大。例如，在Y

轴刻度上只绘制 3 和 4 之间的差异，而不是将整个 1～5 变量刻度范围作为 Y 轴刻度。无论是哪种情况，效应虽然可能显著，但是效应太小缺乏意义。实际上，一些顶级期刊一直期望作者提供效应的大小来证明有意义（或无意义）。这里再次强调，评议人要确定结果是否有意义，意味着要密切注视该如何用论文的方法和分析部分提供的变量定义和操作化来解释数字。

定性（提出理论）研究的特殊考虑

结果报告

高质量定性研究论文不只是提供描述（发生了什么：如请参考 Workman, 1993）和概念排序（提出和界定概念与概念的类别：如请参考 Workman et al., 1998），还要提出理论（证明概念之间的关系：如请参考 Kester et al., 2011），而理论的提出通常是通过一系列假设或命题实现的。再者，如第 7 章所述，如果论文初稿数据不充分、分析不完整或写作无效，那么就无法清楚地知道作者是否不但提供了描述和概念排序，还提出了理论。如果数据收集过程中的数据深度或广度不够，那么可能就无法提出详细的理论发展。如果数据足够详细，那么要到达提出理论阶段，通常需要作者在修改过程中重新编码和分析数据，提供更深入的洞察。但是，要想有效地传达理论框架和支持框架的证据，可能还需要额外修改来改进阐述。

优秀评议人会在给作者的意见中明确和说明论文是否尚未得

到理想的研究结果（提出理论）。此外，他们还会明确和指出这种情况背后的原因——无论是数据不充分、分析不完整、表达无效，还是三者的任意结合——或者该项研究**为何**没有把过去的描述转化成发展理论。评议人只有理解研究想要的结果（新理论）是什么，什么会阻碍研究结果的展示，才能就如何改正这个问题指导作者——无论是深入分析数据或增强对结果的阐释，还是作者收集的数据不能提供详细信息发展理论，需要额外收集数据或者不得不放弃整个项目。"指导"意味着运用评议程序教导作者如何实现不同的定性结果。如第3章所言，优秀评议人不会用高人一等的态度指导和教导作者，再次强调评议结果部分的写作无论语气还是内容都很重要。

结果展示

此外，对定性研究论文作者而言，"有说服力的"写作很重要（Pratt, 2008）。因此，高质量的评议人也帮助作者了解如何通过文本中的关键引语来"讲述"现象背后的理论，以及通过定义表和证据引语为其结果论断的有效性提供足够的额外证据（Pratt, 2008, 2009）。

投资组合管理初稿（附录2）和发表的论文（Pratt, 2008, 2009）之间的区别很好地体现了什么是有说服力的结果部分。附录2的论文结果部分提供了大量"例子"，这些例子都是从与最终模型的每个概念相关联的数据里精心挑选的。但是，这部分很少用转述的例子讲解模型，也未提供文字或表格类的引语证据。在凯斯特等人（2011）的论文中，文本仍然使用例子构建模型——但这次使用的是直接从数据得到的关键引述。但是，表3至表6还提供了概念的名称，来自数据的证据引语提供这些概念存在的额外证据，接着指示每个概念是如何跟现有文献中的概念存在关联和区别的。

结果可信度

正如前面的段落所言，优秀评议人会指导定性研究论文的作者撰写提出理论部分，让读者相信结果代表"真相"（Silverman, 2017）。定性研究论文作者会使用来自访谈、会议和书面材料中的大量文本，从中提取文字，再去除无关材料，将其用于核心理论意义的阐述。评议人的基本担忧是，研究者对数据的解释是否适当而"准确"。数据能真实地体现真相吗？也就是说，如果另一名研究者采用和作者相同的数据，能提出跟论文中相似的理论吗？在某种程度上，正如第7章所述和投资组合管理的案例所示，这是通过描述用以收集和分析数据的方法实现的。如果那个过程已经得到详细描述，似乎已经严密仔细地实施，那么评议人就更有可能相信，作者已经同样仔细地解释数据，让数据尽可能接近"真相"。但是，对结果的真实性的相信也取决于这部分稿件是"如何"按照得到广泛支持的证据书写的，包括来自案例和受访者的关键引语和证据引语。

如何做好同行评议

注意可能出现的道德违规和学术不端行为

不幸的是，由于愈发增长的发表压力，尤其是顶级期刊，优秀评议人也需要留意定量研究和定性研究结果中可能出现的不道德问题。我们不清楚应该在这本书的哪些部分讲讲道德违规和学术不端行为。其实，早在论文的摘要部分，优秀的评议人就会发现论文存在缺陷的端倪。而到了论文的结果部分，优秀评议人就应该能感觉到论文是否存在此类问题。因此，我们决定把道德问题放在本章讨论。

针对定量研究，要考虑的学术不端行为包括数据伪造、p值篡改和数据篡改。数据伪造指"（无中生有地）编造数据或结果"[National Academy of Sciences, National Academy of Engineering (US) and Institute of Medicine (US) Committee on Science, Engineering, and Public Policy, 2009]。p值篡改是指操纵数据以获得具有显著统计意义的p值。数据篡改是指"操纵研究材料、设备或流程，或是改变或删除现有数据或结果，这样，研究就不会准确反映研究记录"[National Academy of Sciences, National Academy of Engineering (US) and Institute of Medicine (US) Committee on Science, Engineering, and Public Policy, 2009]。数据伪造和p值篡改甚至可以同时进行，来提升结果的意义。尽管可能很难确定是否存在p值篡改、数据伪造或数据篡改，但是如果结果看起来"太完美"的话，那么可能就存在问题。

在定性研究中，主要的道德和学术不端问题是数据伪造、破坏匿名性和披露专有数据。作者之所以需要在报告结果部分提供这么多的关键引语和证据引语，不仅仅是为了提升结果阐释的可信度，还是为了证明他们采用的数据不是编造的，而是来自对跟研究问题相适合的被试者的访谈及其他形式的互动。同时，如果存在一个"完美的"引述，它能支持理论和构想中认定的每种关系，或者说支持性引语证据看起来"太完美"，那么可能是因为作者已经编造过了数据，以让它契合期望的概念标识和定义。

为了提升透明度和可重复性，降低可能的学术不端行为，一些管理期刊如《战略管理杂志》（*Strategic Management Journal*）、《国际商务期刊》（*Journal of International Business*）、《组织管理研究》（*Management and Organization Review*），已经发表了社论提出报告结果的新指导方针。这些指导方针包括展示实际 p 值、标准误、效应大小、零结果和负结果（Bettis et al., 2016; Lewin et al., 2016; Meyer et al., 2017）。这些期刊的优秀评议人需要意识到编辑立场的变化，在评议结果部分时使用已公开的指导方针。对其他期刊的评议人来说，这些指导方针代表社会科学研究的前沿思想，可能提供了一个了解对评议人的未来期望的窗口。

评议人若是怀疑他们正在评议的论文数据或结果不合理，那么就应该跟编辑说明自己的担忧。编辑有权要求获取原始数据（定量调查的回答或数字，或者定性访谈），帮助他们确定数据的真实性（COPE, 2019），有的期刊会要求作者在提交论文时一并提交此类数据。

社交策略的评议人评论

评议人 1 的评论

　　论文首先报告了假设 1 和假设 2 以及相应模型的控制变量的结果。论文尽管未提出假设,但社交策略和从客户那里获得的创新知识这一变量之间的路径被包括在内。最好能解释一下为何这一关系被检验而未提出假设。同样,作者并不是在每个组中都检验了这一关系,请解释原因。

　　关于假设 3 和假设 4,论文指出"分组变量是根据对创新最重要的社交媒体平台确定的",但是在这里或在分析部分并未充分解释是如何实施的。

　　论文采用一些**事后比较**(稳健性)检验对结果进行进一步验证,但是,如果在附录里提供这些检验的结果的话会更有用。

　　这部分的结尾处提到,作者对两个样本的结构模型分别进行了检验,结果一致,从而证明了组合样本的合理性。似乎这一陈述和支持它的证据应当出现在分析部分,而不是结果部分。

评议人 2 的评论

　　由于不清楚样本是如何划分为个人和职业平台组的,我们无法得知 H3 和 H4 的结果是否有效。

编辑综合评论

两位评议人继续表示，论文未清晰地解释样本是如何分成个人和职业平台组的，因此，评议人 2 质疑 H3 和 H4 结果的有效性。评议人 1 要求进一步解释一些容易改正的问题。

补充评论

已发表的论文提供的信息澄清了关于样本是如何分成个人跟职业平台组的疑虑。尤其是作者指出，受访者被要求回答对其创新活动最重要的一个特定社交媒体平台的所有调查问题。

投资组合管理的评议人评论

评议人 1 的评论

这项研究报告的初始结果是图 2 里的"投资组合决策总体模型"，图 3 至图 5 提供了各种额外的因果路径。论文所研究的"因变量"是"投资组合决策的有效性"，模型包括因基本文化因素而异的前期概念，到通过输入生成和决策制定过程，再到因变量。这样，开发的模型似乎就能处理研究的总体目标——"完整调查投资组合决策过程"。由于图 2 至图 5 包括概念之间相当复杂的关系，结果似乎超越了描述和概念排序阶段，提出了理论。

但是，宣称提出"总体模型"是个相当宽泛的论断，可能会夸大实际结果。开发真正的"总体模型"会要求找出每个可能的先例并包含在模型当中。只包含4个案例的深入研究不大可能实现这个结果，哪怕研究尝试从理论上在各个地理区域、行业、创新能力中抽取样本。例如，模型中并未包含其他人认为跟创新相关的组织文化因素，例如"风险厌恶""创业导向"甚至是"创新策略"。将原始研究目的重新表述为更加有限的目标，提供更具体的研究问题，可能有助于克服这个问题。

再者，不幸的是，虽然论文提供了14个概念的非正式定义，以及来自案例研究的"例子"，并以斜体字表示它们的意义和相互作用，但从访谈、会议或书面材料的实际引语来看，没有提供任何数据表明这些概念存在，也找不到它们之间关系的具体证据。虽然论文为这一理论构建了一个合乎逻辑的故事，但如果没有明确的数据来支持所宣称的概念、概念的定义以及它们之间的关系，那么这个故事并不十分可信。

考虑到通过访谈、会议和书面材料收集了大量数据，并且所有访谈都被完整地转录，作者似乎应该能找到引语支持他们声称找到的概念，完整地定义概念，并提供证据证明它们的相互关系。这点需要在考虑发表这项研究之前就进行。

评议人2的评论

论文这部分定义和讨论了模型的所有概念，包括概念之间的关系。后者表明作者已经超越了简单描述和概念排序阶段，提出了理论。但是，构建理论的研究不应该像图3、图4和图5那样表示，而是要呈现出针对这些关系的观点。

由于论文缺乏表格或文本数据证据，读者很难判断结果是否真实，以及是否跟数据相匹配。人们会认为斜体句子是被访者的直接引语，但实际上这些句子似乎是对访谈获得的评论的综合。要想优化这部分，就应该用文本提供效力引语（Pratt, 2008, 2009），展示各种概念和概念之间的关系，且每个概念的定义和证据引语应该列示在表格里。如图2所示，模型的4个主要成分应该在表格里列示。

编辑综合评论

评议人担忧理论模型和其他细节缺乏证据支持，包括缺乏证明引语和效力引语，这是作者在修改稿中应该克服的最重要问题。第一位评议人认为，在为项目收集的大量数据里，可能存在拥有足够深度和广度的细节。但是，处理这个问题可能需要大量努力，并且高度留意细节。

补充评论

定性研究论文的方法和结果部分存在很强的关联。很明显，初稿里没有提供引语方面的数据。没有数据证据，就无法评估论文里宣称发现的结果的准确性。但是，作者在展示方法部分时格外小心，表明作者已经收集了大量可以展示的数据。但是，评议人并未拒绝论文，而是建议作者该如何提供所需证据支持他们的模型。

已发表的论文表明作者听取了评议人的意见。它包含大量关键引语来构建理论模型，表3至表6包含具体定义、证据引语、跟现存理论的关联，以及对最终模型里关于所有概念的现存理论差异的解释。最后，论文阐述了有关各个概念之间的关系的十项主张（和几项伴随的推论）。最终，虽然做出这些改变需要作者付出巨大的努力，好在论文得以成功发表，甚至被当作定性案例研究的典范（Goffin et al., 2019）。

第九章

评议讨论与影响

对论文的讨论和影响部分的评议更像是一项主观判断任务，不像方法和结果部分那样客观。对这部分进行高质量评议通常需要大量的指导，但不需要规定作者必须包含哪些具体内容才能满足评议人的要求。

从根本上讲，论文的这部分主要起两方面作用：一是解释结果，二是讨论研究对现有知识的影响（贡献）。优秀评议人不仅会帮助作者中肯地表述解释和影响，还会判断影响中提到的研究对新知识的总体贡献是否足以继续考虑发表。因此，优秀评议人本身需要深入理解讨论与影响部分的目的，知道什么是对论文研究领域新知识的贡献。

在这部分，优秀评议人希望确保作者已经包含如下五方面内容：

- 在论文之前参考过的现有理论和文献基础上定位和讨论研究发现。
- 区分对发现的解释与其影响。
- 适当阐明理论、实践、政策方面的影响。

- 提出可执行的实践或政策影响。
- 像影响部分表述的那样对知识创新做出贡献。

框 9.1 包含了评议论文的讨论和影响部分时要考虑的具体问题。

框 9.1 评议讨论与影响部分时要考虑的具体问题

讨论——解释研究发现

- 这部分只是重复研究发现/结果吗?
- 在定位论文的理论与文献的基础上,解释是否对研究发现/结果做出更广泛的阐释?
- 解释是否与实际的研究发现/结果一致,或者是否不够深入或过于深入地超越了研究发现/结果?
- 是否存在未被证明的论断或不适当的推论?
- 所有研究发现都得到了解释吗?
- 结果是否跟之前的研究发现冲突?如果是,作者是否解释他们的研究发现"为何"不同?
- 讨论部分是否跟影响部分分开?

影 响

- 是否阐明了对理论、实践和政策的明确影响?
- 理论、实践、政策影响是否跟研究发现/结果相一致?
- 是否具有拓展、补充或整合现有理论或创造新理论方面的影响?

- 是否存在可实施的实践或政策影响?

影响方面的贡献
- 理论和文献影响是否跟论文前面末尾处表达的贡献一致?
- 论文是否回答了研究问题?
- 根据结果看,研究是否有趣**且**重要?
- 发现及其解释是否有趣**且**重要?
- 理论、实践、政策影响是否有趣**且**重要?

一般考虑
- 论文各个部分是否存在逻辑架构问题——各个部分是否"流畅"?

来源: 改编自 Elsevier, 2020b; Rojewski and Domenico, 2005; Tihanyi, 2020; Wilson, 2012 和作者的经验。

讨论——解释研究发现

"解释"意味着作者把具体的研究发现推广到更广泛的意义,并将它跟之前的结果和理论的一致与矛盾之处进行对比和比较。讨论部分会将前面部分的详细结果在现有理论和文献的背景下进行阐释。这部分讨论不再停留于"我们发现了什么",而是阐释和推测这些结果为何或者如何出现,特别是这些结果跟之前的研究发现相冲突的时候。

优秀评议人需要确保所有发现都已经得到解释,并且解释跟实际发现相匹配。作者有时候会夸大自己的发现,言过其实。另有时候,作者有可能隐藏重要发现。优秀评议人会指出这些不一致之处。

讨论部分最常出现的问题是,作者不解释发现而只做重述,有的还会罗列研究发现,但不区分重要性或者按照逻辑顺序进行整理。优秀评议人会指导作者不再单纯重复研究发现,而是要阐明其背后的意义。

影 响

跟解释部分不同的是,"影响"聚焦于研究发现对期刊受众的重要性。影响是在结果基础上的更进一步,说明"那又如何"或者"这些发现为何重要"。期刊可能会要求书写理论、实践或政策方面的影响。论文的这部分会说明结果对该领域内现有理论文献的影响,对创建新理论的影响,以及对管理者因之希望如何改变自己的决策或行动的实践的影响,或者对政策制定者如何改变政策的影响。优秀评议人会引导作者明确、中肯地向每位受众说明最重要的影响,确保影响不是简单地重复研究发现。

影响的贡献

跟研究方法严谨性一样,到底什么才算是对新知识的"贡献",判断标准会因领域而不同,而且会随着时间的推移逐渐发展。例如,在像新产品成功因素或实现市场导向这样的领域,元分析已经提供了关于这些概念的众多前因的经验性概括,调查新前因的定性研究不太可能产生实质性的新知识。在理论检验领域,研究如果只是在著名的经验模型上添加一个新概念,就不大可能做出重大贡献。例如,在调查影响电影票房收入的影响因素时,除了研究在线评论量、价格和价值、明星效应和续集状况,再加入制作城市这一因素,无论是在理论上还是在经验上,都不太可能产生新知识。

《美国管理学会学报》(*Academy of Management Journal, AMJ*)最近发表的一篇社论表示,管理研究应该超越调查"有趣"的问题层面,去"研究重要的管理和组织问题",以对该领域做出贡献(Tihanyi, 2020, p. 330)。评估影响部分所说的贡献是否足以发表,是整个评议过程中最需要判断力,同时也是最重要的方面。评议人要想给编辑提供终审建议,就必须评议研究对新知识的整体贡献。评议人只有理解研究结果的意义和影响才能做到这一点。再者,评议人由于专业背景不同,他们对同一项研究结果到底是只做出了微小的补充,还是具备足够的新知识值得发表,在判断时可能会出现分歧。编辑人员会做出最终决定。但是,优秀评议人通过给作者提供尽量完整而具体的意见,可以帮助编辑做出决定。

优秀评议人会考虑作者所研究领域的知识状况,帮助作者判断对读者来说论文的影响部分最重要的贡献是什么。例如,论文做出的重要理论贡献能补充或拓展现有理论,或者在定性研究中创建了新理论。重要的贡献能让管理者或政策制定者根据研究结果采取具体行动,从而极大地改变公司或政策决策及行动。

一般考虑

很多作者,尤其是年轻学者,认为很难以有说服力的讨论部分"结束"论文。他们的论文往往只见树木(每项假设检验的显著性)不见森林(在现有文献内有效概括总体结论)。在写作这部分时,作者可能已经有些倦怠或经验不足。但是不论出于什么原因,讨论部分往往是论文最薄弱的地方。写到这部分的时候,作者往往需要优秀评议人提供强有力的指导才能结束论文。

为讨论部分提供优质评议的难度之所以加大,是因为评议人看到这部分时,可能也出现了倦怠。评议人需要十分专注才能提供优质评议,在仔细阅读和思考30～40页文字和无数表格、数字和图形后,他们要指导作者重新组织想法并排序,有逻辑地表达最重要的结果,对总体结果提供可能的解释,并预测结果对理论或政策决策意味着什么。要想在评议任务中考虑周到,评议人需要付出大量精力。

最后,在第一轮评议中想要有效评议讨论部分,往往是不太可能的,因为要想写好讨论部分,需要将研究有效地置于现有文献背景之下。所以,如果评议人认为论文的定位和作为引言、理论/文献综述基础的提出理论部分存在重大问题的话,那么除非作者在论文修订稿或者再次修订稿中做出改进,否则评议人无法有效评估讨论部分。

社交策略的评议人评论

评议人 1 的评论

这部分解释了调节效应假设（H3 和 H4）的结果，但似乎并未解释 H1 和 H2 的结果。为读者考虑的话，作者最好明确陈述 H1 和 H2 的检验结果，并为这些结果提供一些理论依据。

跟前面一点相关的是，我们不清楚当前对结果的解释是否来自文献，因为论文中很少提到之前的研究。将结果置于论文前面的理论和参考文献的背景下十分重要且必要。结果跟现有研究相一致吗？如果一致的话，请详细说明。

这部分的结构有些令人困惑，因为混淆了讨论部分跟管理影响、理论影响和局限性/未来研究。例如，描述局限性/未来研究的段落之前有两段描述理论影响，之后有一段似乎在解释第三个理论影响。更好的结构应该是这样的：解释假设检验的结果、理论影响、管理学影响和局限性/未来研究，同时清晰标记每个小节。

在这些管理影响中，我只发现一条需要作者去扩充和增强的。请详细描述一下，管理者可以根据你的发现采取什么行动。尤其有用的是，阐明管理者应该如何实施一项社交策略。

评议人 2 的评论

就贡献而言，我们不清楚该研究对知识基础观是否有贡献。

虽然引言部分最后一段表示这是该研究的首次（主要？）贡献，理由是社交媒体策略是一项战略行动，但实际上该理由并不成立。它只是一个公司可以用来增加或改变所收集信息的战术行动。但它只是战术，不是战略。讨论部分只是提到建议以那种方式使用社交媒体，似乎看不出对知识基础观有何理论贡献。这部分接着立即转向对吸收能力的潜在贡献，而在此之前论文并未将吸收能力当作研究的理论基础。

论文的主要贡献似乎是，个人平台比专业平台更有用，成本更低，适合小公司使用。但是，为了说明这一点，讨论部分应该探讨创立脸书社交媒体战略和让客户加入其他机制（焦点小组？）的相对成本。但是，我们不清楚作者是否有经济数据做支撑。讨论部分虽然解释了专业社交媒体平台的参与率为何更低，但是如果能更深入地解释基本发现背后的原因的话会更好。

因此，总体来看，作者在修改引言和假设发展部分以更好地反映公司社交媒体策略的目标人群的特征时，需要重新思考自己的贡献是什么。此外，研究并未考虑管理者提升社交媒体平台客户参与度带来的成本影响，尤其是在资源受限的中小企业。在影响部分要是能更全面地考虑这一点会更有意思。

编辑综合评论

两位评议人都认为，这部分需要进一步解释研究发现及其在现有文献中的定位。第二位评议人之前提到论文的核心概念和假设需要进行重大的概念重建，质疑了研究的理论贡献。最后，第一位评议人希望论文能具备更多可执行的管理影响,而第二位评议人想了解社交媒体策略和涉及客户的传统方法带来的成本影响。

论文修改稿需要在论文前面描述的理论和文献的背景下透彻地解释所有假设的结果。作者还需要考虑阐明研究的理论影响、贡献和管理学影响。

因此,总体决定是,作者要进行重大修改并重投论文。

补充评论

已发表的论文显示,社交策略每增加一个标准差,客户加入社交媒体创新的数量就会提升特定的百分比,从而展示了假设3和假设4的经济意义。此外,它还更清晰地展示了论文对知识基础观理论的贡献和对文献的其他三个贡献。因此,作者似乎从实际的评议人那里得到了相同的意见。

投资组合管理的评议人评论

评议人1的评论

讨论部分的优势在于,明确地区分了这项研究跟之前投资组合管理研究的结果,展现了贡献,并明确指出调查结果如何切合研究目的,论文如何将最终模型里的概念跟之前发表的文献中的理论和结果联系起来。但是,这部分至少要在两方面极大地加强才能考虑发表。

首先，论文声称，需要在基于证据、基于趋势和基于观念的决策中取得适当"平衡"。这点似乎超出了结果部分展示的证据，尤其是结果部分并没有提供数据。要想做出这种论断，结果部分就需要提供特别的引语以表明必须保持平衡、做出权衡。

加强这部分的第二个方法是，制作一张总结性表格，展现本研究中的概念与其源自的现有文献之间的关系。最终模型包括许多概念，文字和引言部分提到了几篇启发了整个研究的文献。明确指出概念之间的关联性可能会对读者有帮助。

谈到这部分的架构，重要的线索似乎被掩盖了——直到理论影响部分的最后一段才提到"最重要的"理论发现（贡献）。将它放在最前面是不是更好？

评议人 2 的评论

讨论部分总结了图 2 模型中所示的发现。但是，这部分并未将发现跟现有文献相关联或者置于现有文献当中。实际上，"理论影响"部分似乎更像是解释发现，而不是说明研究的重要性。尤其是，采用扎根理论方法，可能很难区分什么是对发现的解释，什么是理论影响。在我看来，讲述理论影响、贡献的段落应该这样开始："从理论角度来看，最重要的是……"。

论文指出，"该模型指出，投资组合决策的有效性是由基于证据、权力和观念的决策的适当平衡决定的"。但是，发现中并没有注意到平衡方面。结果是否表明三类决策之间的平衡？这个问题还需要进一步澄清。

编辑综合评论

评议人对论文的讨论和影响部分给出的意见完全一致。作者下次提交论文时，需要重新考虑这个部分，克服这些问题。

总体而言，论文存在的两个主要问题是，论文有一个笼统而宏大的"研究目标"，而不是更加有针对性的研究问题；论文未呈现作为理论模型支持证据的"数据"。将研究目标细化为研究问题，是一个可修复的瑕疵。考虑到收集的数据量和收集数据时的用心，数据问题似乎也是可以修复的。但是，提供能显示出证据很充分的必要数据，以表明概念的存在和概念之间的关系，需要作者付出巨大努力。

因此，总体决定是要求作者对文章进行重大修改并重投。

补充评论

比较完附录 2 里的初稿和凯斯特等人（2011）最终发表的论文可以发现，作者实际上收到了跟第 5 章至第 9 章里相同的意见。跟初稿相比，已发表的论文最重要的改变是，结果部分有了重大改进，既有关键引语又有证据引语，还有命题。此外，引言和定位部分做了修改，方法部分被缩短，还提供了少量跟案例相关的额外信息。

第十章

后续修改轮次

初投的稿件至少要经过一轮修改，很多还要经过多轮修改。优秀评议人会在每轮修改中用到"5R 原则"（第 3 章）。在本章，我们要讨论其中相关性最高的 3 个"R"——责任（responsibilities）、回复（responses）和反应（reactions）——因为它们与后续修改轮次有关。在发表流程的后续轮次，评议人的角色跟首轮相同。我们仍然要对作者及其作品和志愿编辑人员继续保持尊重。

不幸的是，一些顶级期刊经常会让作者和评议人经历 5 轮及以上评议，最后才决定拒绝还是接受。如此大费周章的流程会让评议人精疲力竭，更糟糕的是，会引发人们对同行评议流程的不满，因为它会延长论文评议时间（Kelly et al., 2014; Nicholas et al., 2015; Tennant et al., 2017），并将作者的论文修改得面目全非。身为编辑，我们努力在第二轮做出接受或拒绝的最终决策，偶尔会推迟到第三轮。很少有论文会进入第四轮，不过一旦进入，这些论文就离被接受不远了，但是还需要作者再次修改，把论文从"可接受但令人失望"修改到"更有可能产生影响力"的地步，最终才会被接受。

尽管评议人只给编辑提建议,但是他们可以在私下发给编辑的意见中,对稿件的评议流程表示担忧。面对冗长的稿件评议流程,讲究效率的编辑会主动出击(Nicholas et al., 2015)、果断决策——这就是编辑的职责所在(Allen et al., 2019)。

责 任

如上文所述,评议是个反反复复的过程,至少需要两轮评议(除非稿件在首轮就被拒)。因此,当评议人接受审稿邀请时,编辑期待评议人也同时接受评议该论文的所有修改版的任务(Johnson et al., 2018)。大多数评议人未考虑接受审稿邀请带来的长期影响,当他们在把初审结果告知论文作者后的6个月或更长时间才收到复审邀请时,要估计工作量确实也很困难。不幸的是,有些最初的评议人最终因此拒绝后续轮次的评议,有少许评议人拒绝评议首轮重投的稿件,更多的是拒绝第二轮或之后轮次的稿件。这样,不管是编辑做出谨慎决定,还是作者将论文质量提升到出版级别,都变得更加困难。优秀评议人在考虑最初审稿邀请时,会尽量考虑评议工作的长期性,一旦接受后,就会尽力履行长期评议义务和更加紧急的评议义务。很多电子评议系统中会包含一个问题,问评议人是否愿意评议论文的修改稿。评议人必须考虑可能的时间花费,尽可能诚实地回答这个问题。通常情况下,编辑宁愿让评议人花更长时间评议后续轮次的论文,也不愿意看到他们拒绝这些邀请。

如果评议人已建议拒绝最初稿件和后续修改稿,那么这名评议人拒绝这份稿件的第三轮或后续轮次邀请是可以理解的。但是，论文作者也可能会在那个轮次显著提升论文质量，从而改变评议人的看法。

我们在第 3 章曾提到，优秀评议人要负责仔细完整地阅读稿件，后续轮次还包括以下内容：前一轮所有评议人和编辑提供的修改意见，作者对所有评议人和编辑修改意见的回应，修改版论文（Allen et al., 2018; Holbrook, 1986; MacInnis, 2003）。由于要考虑这些额外材料，后续轮次的评议可能要比首轮耗费更多时间和精力。

电子投稿系统往往只为评议人提供稿件的当前版本或修改版本，所以，除非评议人保存了论文的旧版本，否则他就无法跟旧版本做比较。但是，一些期刊如今要求作者在修改版中采用修订模式或者突出显示修改部分，然后再将修订版上传到系统中，等待重新评议。这一做法可能会让评议人只重点关注稿件的修订部分，虽然看似可以缩短评议人所花的时间，但是要充分理解论文中的研究及其阐述，必须仔细且完整地阅读提交的全文及其附件。

有的评议人发现，如果他们将稿件所附的评议人意见分类，并在阅读其他内容前先看一下自己对上一版稿件的修改意见，这样就会想起初投稿件的目标和内容，有利于他们理解修改版稿件的内容，从而更加高效和有效地在这轮评议中提供修改意见。有的评议人拿到新稿件后，更喜欢从头开始，首先阅读稿件，形成一个新看法，不受自己或其他评议人之前的关注或修改意见的影响。也有人认为，最有用的方法是先评议自己和所有其他评议人的修改意见和回复，再考虑稿件本身。每种流程都有利弊，客观上讲，并没有哪种流程比另外一种更有效或更高效。因此，每个评议人都需要亲自去尝试，找到更习惯的流程。

首轮评议决定的常见结果要么是"拒绝"，要么是"修改并重投"。作者和编辑都不希望最终的决定是"有条件接受"。但是，因为编辑和作者都不想让评议流程无限期拖延下去，所以在后续评议轮次中，评议人帮助编辑团队做出公平的"晋级还是出局"决定（拒绝或有条件接受）的重要性就显著提升。我们在下一节会详细介绍，优秀评议人会仔细斟酌后续轮次的回复，尽可能提供更加明确的修改意见，而不是以"修改并重投"草草回应。

回 复

通常情况下，要求对稿件进行重大修改的意见大多数是在第一轮评议中提出的，后续评议主要看作者是否修改、如何修改（Allen et al., 2019; Johnson et al., 2018）。但是，根据评议人第一轮评议意见进行重大修改后的稿件——特别是因弥补方法缺失或因定位、理论或表达问题而大幅修改的稿件——可能会为之后的评议轮次引入大量新问题。另外，评议人也是凡人，有可能没发现初投稿件中的一些问题（Allen et al., 2019）。但是，经过多位评议人和编辑团队把关，稿件的大多数（如果不是全部的话）问题很可能都会在第一轮评议中反馈给作者。

如果新问题浮出水面，必要且恰当的做法是：让评议人找出这些新问题，并额外提供具体可操作的修改意见，再次让论文朝着发表的方向迈进。

数十年来，我们评议过无数稿件并做出编辑决策。我们发现，大多数定量研究论文在首轮决策中被要求修改和重投的主要原因是定位、理论和假设出了问题；而大多数定性研究论文要么是方法和分析出了问题，要么是报告结果时内容不够详细，或者二者兼而有之。此外，修改稿的讨论和启示部分几乎总是需要仔细检查，因为稿件其他部分的重大修改可能会明显改变这些部分的内容。初投稿件中的这些大问题是否能修改，尤其是那些属于表述而非执行方面的问题，直到论文修改过后才会知道。因此，作者或许在修改稿中尝试解决这些问题。在下一轮评议中，优秀评议人会帮助编辑判断这些问题是否得到充分纠正，能否考虑进入发表环节。

并非所有作者都能在修改稿中圆满解决最初的问题。有时候，如果经过充分解释后清晰表明问题是由真正的方法缺陷导致的，那拒稿的理由就更加客观充分了。接下来，评议人就需要再度考虑建议拒收稿件，同时给作者和编辑提供明确的理由和证据。

但是，有时候主要问题可能不是方法有缺陷，而是研究问题不够有趣，对学术的贡献不足，不值得继续考虑发表。正如前文所言，据此做出的拒稿建议，需要评议人做出重大评判。

也许最难做出并告知编辑和作者的判断是，当作者的稿件质量逐渐提高，似乎不再有致命的方法缺陷，但稿件的质量仍然不够高、贡献不够大，不足以获得"有条件接受"这一评议结果。

那么，优秀评议人不仅仅要评议稿件的潜在贡献是否充足，还要根据每轮修改的改进情况，评议这些作者下一轮的改进幅度是否足够大，是否值得继续考虑发表。如果稿件质量仍然只是逐渐提高，但是不大可能出现重大改进，那么继续评议流程，给作者无谓的希望，就是在浪费宝贵的评议人资源。同样，这是个很难做出的主观判断，不仅需要评估稿件的当前状态，还要评估稿件在之前版本的基础上做出了多大改进。

还有一种情况是，评议人仔细阅读了跟修改稿相关的所有材料后可能会发现，作者在回复信中没有解决甚至没有理会评议人最初的意见。我们提倡作者回复评议人和编辑的每条意见，哪怕他们只是在回复信里回复，甚至只是表示他们不接受评议人的意见（更重要的是，要提供有说服力的理由说明为何不接受）。但是，一些编辑认为，作者没必要回复评议人的每条意见。熟悉期刊的评议人可能会了解这样的观点，但不熟悉的评议人可能不了解。

如果评议人认为，他们在之前的投稿中提出的一些或者所有问题在随后的修改稿中仍然存在——作者要么是完全没解决，要么是解决得不充分——那么评议人就需要在新的评议意见里重复这些问题，提醒作者和编辑这些问题之前已经提出过，并更加具体地说明问题的性质，这些问题为何令人担忧，以及在下一轮应该采取哪些方法处理。优秀评议人会耐心地反复提及论文中的问题，提供有建设性和促进作用的意见。

有时候，作者会在回复信中挑战评议人的意见（Johnson et al., 2018）。由于评议流程是编辑、作者和评议人之间的对话，这种回复肯定是合法的,作者有权这样做。如果评议人不同意作者的回复,那么在新的评议意见中,优秀评议人会委婉地解释自己为何不同意,并引用证据支持自己的观点。但是,除非论文中的问题明显是硬伤——例如根据文献,作者在数据分析中出现的技术错误——优秀评议人会认可并接受作者的回复。针对更主观的评估分歧,优秀评议人会意识到自己提出的是很好但是非必要的修改意见。要记住,这是作者的研究,不是评议人的研究。

总而言之,修改初稿是为了将论文质量提升到期刊的发表水平。优秀评议人会看论文质量是否有显著改进,尤其是从论文初稿到第一轮修改(R1),因为这时候修改的数量和程度是最大的。评议人的评判是基于作者在多大程度上回应了评议人或编辑针对论文实际内容提出的问题,而不仅仅是作者对意见的回复。如果论文的后续修改没有处理评议人的意见并使质量显著提升,那么,评议人可能会认为作者无法让论文达到发表水平并建议拒稿。

反 应

作者要回复多个评议人,而评议人对论文的看法可能存在分歧。因此,作者可能不会采用一个评议人的所有建议,或者可能会不接受或者挑战评议人的建议(Johnson et al., 2018)。评议人的第一反应可能是感到恼火。但是,在这种情况下,重要的是避免反应过度或者以消极、具有破坏性的方式回应。高质量的第二轮或者第三轮评议的语气仍然可以用专业、善意和同理心来形容。正如第 3 章所言，优秀评议人在评议流程的所有阶段都需要记住 10 个 C[①]：

- 像严格但有建设性的顾问一样评议。
- 像体贴、有同情心的同事一样书写。
- 提供具体完整的内容。

[①] 下面这三点包含了 10 个以 C 开头的单词，故简称为 10 个 C。——编者注

第十一章

同行评议的现在和未来

传统的同行评议过程

传统同行评议流程先是让编辑团队的一名或多名编辑进行内部评议，通常是为了评估论文是否符合期刊的编辑立场，满足最基础、最明显的研究严谨性标准。编辑团队只有确定论文满足基本的预期后，才会将论文交给领域内的专家进行外部评议。

外部同行评议最常见的类型有单盲、双盲和三盲（Elsevier, 2020b; Horbach and Halfmann, 2018; Kelly et al., 2014; Mulligan et al., 2013; Publons, 2018）。在单盲评议中，作者不知道评议人的身份，但是评议人知道作者的身份（Horbach and Halfmann, 2018）。在双盲评议中，评议人和作者都不知道对方的身份。采用单盲评议的主要是科学期刊，而采用双盲评议的主要是社会科学和人文领域期刊（Horbach and Halfmann, 2019; Tennant et al., 2017; Wiley, 2020）。在三盲评议中，作者、评议人和编辑彼此都不知道对方身份（Publons, 2018），但是，很少有期刊采用这种评议流程（Horbach and Halfmann, 2018）。

在泰勒和弗朗西斯（Taylor and Francis, 2015）进行的一项研究中，受访者特别喜欢双盲评议，得分为 8 分（总分是 10 分，表示最喜欢）。在韦尔（2016）的调查中，超过 80% 的受访者表示，跟采用开放同行评议的期刊相比，他们更有可能向采用双盲和传统同行评议的期刊提交或评议论文。初级科研人员的偏好没那么集中（Jamali et al., 2020），大约 18% 的受访者喜欢三盲评议，48% 喜欢双盲评议，7.3% 喜欢单盲评议。爱思唯尔的一场网络研讨会表明，一些期刊允许作者选择采用单盲或双盲评议（Jamali et al., 2020），但是未提供统计数据。

韦尔（2016）和 Publons（2018）的调查发现，大多数评议人表示，他们更有可能接受采用盲审而非新型评议流程（例如开放评议）的期刊的审稿邀请，我们会在后面解释原因。

在效率方面，76% 的受访者表示，双盲评议最有效，而 45% 的受访者认为，单盲仍然有价值（Mulligan et al., 2013）。有人认为，单盲评议流程对知名作者、著名大学或研究机构和发达国家有利（Mulligan et al., 2013）。双盲评议流程被认为更有效，因为它们能减少作者名气、所属机构、国家来源或感知到的人口统计学特征（种族或性别）带来的偏差，鼓励提供诚实的意见，可以让评议人严格聚焦于论文的质量（Mulligan et al., 2013）。

但是，一些学者认为作者的身份（还有所属机构和名气）是不可能真正被隐藏的，因为参考文献列表里的引用（包括自引），也因为一些作者在特定的学科领域极具知名度，可以轻松在网上查到（Mulligan et al., 2013）。

新型同行评议

虽然前面提到的同行评议类型是最传统的，但是最近也出现了其他类型，主要有两方面的原因。首先，出现了四种类型的同行评议以解决本书引言部分提到的寻找足够数量的优秀评议人的难题。其次，一些学者呼吁提升同行评议流程的透明度，为此，"开放评议"应运而生。人们相信，开放评议能减少引言部分提到的性别、名望、生涯阶段和地理来源的偏见。

新型评议应对同行评议人稀缺和质量不佳问题

为了应对评议人稀缺问题，出现了四种新型同行评议流程：协作式评议、登记式评议、可转移评议和平台评议。其中协作式评议和登记式评议的目标是提升评议人的质量，并解决评议人稀缺问题。而可转移评议和平台评议更多只是解决评议人稀缺的问题。

协作式评议可以分为两类。第一类是"共同评议"，初级科研人员（通常是博士生或博士后）在导师的指导下，以类似学徒的身份评议论文。即使初级科研人员并未从导师那里接受指导，他们也了解评议流程，他们也许早在投稿第一篇论文之前就知道了其他学者是如何评议的。在最近一项研究中，79%的博士后和57%的博士生跟导师或教授共同评议过论文（McDowell et al., 2019）。不幸的是，这些人的努力往往得不到认可：70%的受访者表示，他们的名字并未出现在评议意见中（McDowell et al., 2019），这种现象被称为"代笔"（McDowell et al., 2019）。

第二类协作式评议是"交叉评议"，在评议人意见和编辑决定发送给作者之前，评议人能看到彼此独立撰写的评议意见。评议人讨论他们的评论内容，彼此指导，共同决定提交给作者的评议内容和接下来的步骤。爱思唯尔的交叉评议流程只适用于"难懂的"论文，编辑会提供便利，增加两天评议时间（Elsevier, 2020a）。《科学》杂志在收集完评议意见后，允许评议人阅读其他评论，提供补充评论。评议人同样有两天时间提供补充评论，但这不是强制性要求（Science, 2020）。

登记式评议跟传统同行评议流程存在显著区别，因为它包含两个分开的阶段（Horbach and Halfmann, 2018; Tennant et al., 2017）。在第一阶段，评议人只接受和评论研究问题和所提出的方法，由学识渊博的专家评定研究是否具备充足的价值和贡献，值得研究者继续研究——也许还会提供方法方面的改进建议。在这个阶段，达不到当前严谨性标准的研究会被拒绝，评议人的精力只会放在那些采用了严谨方法的研究上。一旦研究得到实施，论文全文提交后，就会被评议。评议人意见会被加入最初登记的研究问题和方法报告中。论文终稿的评议主要关注研究的实施和结论。登记式评议的主要好处在于，它能进行和发表很多期刊不愿意发表的复现研究（Horbach and Halfmann, 2018），并且还能发表具有负结果或零结果的论文，从而避免论文选择性报告结果（Tennant et al., 2017）。很多心理学和健康科学期刊采用这种同行评议（Center for Open Science, 2018）。2013年上线的Cortex就是这样的登记式评议平台（Horbach and Halfmann, 2019）。

可转移评议也被称作便捷式评议或串联式评议,是指期刊编辑得到作者允许后,将被拒的稿件发送给另一份相关的期刊(Horbach and Halfmann, 2018; *PLOS ONE*, 2020; Wiley, 2020)。如果作者同意转移,那么所有论文文件和评议人意见都会被发送到接收期刊那里。由于已有第一轮评议人意见,评议人稀缺性得到了缓解。

"平台评议"[①]的兴起是为了解除一些学者的担忧。他们提倡将同行评议跟发表相分离(Ross-Hellauer, 2017),将"期刊和期刊的功能"(如存档、注册和分发)跟同行评议和同行评议提供的认证相分离(Tennant et al., 2017, p. 18)。一些同行评议平台的创立让作者有机会一开始将论文发送至平台,而不是发给特定的期刊。平台会组织评议人和评议意见。这些报告完成后,会对平台所有期刊开放,然后邀请作者提交论文(Ross-Hellauer, 2017; Tennant et al., 2017)。研究平台利用系统里注册的多名编辑和多份期刊招募的评议人评议特定的论文。比如,平台"科学贵族"允许作者将收到的评议发送给平台的任意一家期刊,也允许对论文感兴趣的期刊联系作者,请求作者提交论文(Peerage of Science, 2020)。还有两个早期平台,RUBRIQ 和 Axios,由于缺乏提交的论文而于 2017 年关闭。

可转移评议和平台评议解决评议人稀缺问题的方法是,不让同一名评议人为某个期刊审完一篇论文并被拒稿后,继续为另一

[①] 尽管罗斯-海劳尔(2017)认为,平台评议是一种有利于提升透明度的开放同行评议,但是我们认为,平台评议更有可能解决评议人稀缺性问题,而不是提升透明度。——原注

个期刊评议同一篇论文。平台评议还会协调不同期刊关于评议人的请求，拓宽评议人群体，不局限于期刊编辑委员会成员或在期刊上发文的评议人。

"开放同行评议"解决同行评议透明度问题

开放同行评议是人们谈论最多的新型同行评议。不幸的是，开放同行评议目前还没有清晰的定义（Ford, 2013; Ross-Hellauer, 2017）。事实上，在对"开放同行评议"这个术语进行的系统性文献综述里，罗斯-海劳尔发现了22个定义（Ross-Hellauer, 2017）。但是，他通过分析，确定了7个基本特征（框11.1）。此外，他发现其中三个特征——公开身份、公开意见和公开参与——存在于99%的定义当中。[①]

> **框11.1　开放同行评议的7个特征**
>
> **公开身份：** 在评议过程中，作者和评议人了解彼此的身份。
> **公开意见：** 评议意见会随论文一起发布。
> **公开参与：** 更广泛的群体可以自由参与评议过程。
> **公开互动：** 允许并鼓励作者和评议人之间或评议人与评

[①] 罗斯-海劳尔（2017）介绍了开放式同行评议的7个特征的更多细节。霍尔巴和哈尔夫曼（Horbach and Halfmann, 2018）基于4个维度对同行评议的不同类型进行了概述。坦南特等人（2017）讨论了很多不同类型的同行评议模型。——原注

议人之间直接展开讨论。

公开预评议论文：在任何正式同行评议流程之前，可以立即查看论文（例如通过预印本服务器 arXiv）。

公开最终版评论：也被称为"发表后同行评议"。可能会对最终"记录版"论文提供可公开查看的评论或意见。

开放平台（"分离式评议"）：评议工作由处于异地的组织实体协助进行（请参考以上讨论）。

来源：选自 Ross-Hellauer（2017）。

赞同实行开放同行评议程序的人认为，这样能提升发表的透明度——这对消除基于作者性别、名望、隶属机构或国家的评议偏见至关重要——还能提高发表流程的整体效率和发表的科学论文的质量。开放同行评议的好处是基于这样的信念：评议人知道自己的身份会被公众和作者知晓，因而语气和语言会更加开放、诚实、具有建设性和怀有敬意，也许还会防止盗用研究观点（Jackson et al., 2018; Kelly et al., 2014; Mulligan et al., 2013）。实际上，爱思唯尔进行的一项实验表明，"33% 的编辑认为，开放评议能为作者提供更加详细和具有建设性的评议意见"（Jackson et al., 2018, p. 99）。

但是，实行开放同行评议系统并未受到普遍支持：只有 20% 的受访者认为开放同行评议有用（Mulligan et al., 2013）。反对者认为开放评议无效，原因如下：它鼓励评议人不要过度批评，它可能伤害或阻止初级科研人员参与评议，它可能会导致作者跟评议人出现争论（Mulligan et al., 2013）。

总体而言，截至撰写本文时（2020），"……开放同行评议尚未受到普遍关注，也许是因为，在一些人看来，它带来的价值值得怀疑"（Elsevier and Sense About Science, 2019, p. 17）。只有大约30%的评议人表示，他们会接受采用开放同行评议的期刊的审稿邀请（Publons, 2018）。不出所料，年轻评议人跟年长评议人为开放同行评议期刊评议的意愿存在差异。在26岁以下的评议人中，有40%愿意或者非常愿意为采用开放评议流程的期刊提供评议，而在55岁至65岁的学者中，这一比例仅为22%（Publons, 2018）。

确实能提升发表透明度并进一步检验研究质量的一种开放同行评议形式是发表后同行评议，也被称为"开放最终版评论"。发表后同行评议有几种途径。一方面，一些期刊[例如 *F1000* 和《哥白尼》(*Copernicus*)]在线发表后会邀请评议人发表意见。通过这一评议流程的论文会被标记为已完成这一步（*F1000*, 2014）。相比较之下，其他期刊不会邀请特定的个人去评议，会允许更多的开放评议，但仍然会限制评议人数量，要求他们满足特定的标准。还有一些期刊，包括 *The Winnower*，允许任何注册客户发表评论（*F1000*, 2014）。*PubPeer* 更进一步，成了一个发表后同行评议平台（*PubPeer*, 2014），允许任何人讨论任何出版物（*PubPeer*, 2020）。①评论发表后的论文可能被视为同行评议，而不是同行评

---

① 其他发表后评议平台包括 *RIO*、*PubPub* 和 *Science Open*。发表后的第三方平台包括 hypothes.is 和 PaperHive（Tennant et al., 2017）。——原注

议（Harnad, 1998）。

变化的评议人资质

正如本书的引言部分所示，"同行评议人"通常是指具备某个领域的证书（通常是博士学位）和多年工作经验的人（Fitzpatrick and Santo, 2012）。随着人们对透明度和公平性的要求愈发强烈，一些人认为，同行评议应该向所有感兴趣的学术社群的成员以及行业代表、从业者等未被充分代表的人开放（Fitzpatrick and Santo, 2012; Ross-Hellauer, 2017）。*Science Open* 朝这个方向迈出了一步，只要求"评议人"具备研究者和贡献者开源识别组织（ORCID）档案和至少5篇同行评议过的论文（Science Open, 2020）。如前文所述，朝这个方向更进一步，任何注册客户都能在 *The Winnower* 上发表评论。

向不具备证书但是感兴趣的人群开放同行评议的主要问题是，评议人是否具备足够的特定领域或方法方面的知识来提供有用评议。再者，考虑到传统评议人时间稀缺，要承担包括传统同行评议在内的繁重的学术责任，一些人不禁感到好奇，评议人尤其是受欢迎的优秀评议人是否以及为何会自愿增加自己的工作量，评议更多论文，尤其是在未接受邀请的情况下评议不属于自己专业范围内的论文（Harnad, 1998）。

结尾：同行评议的未来

大多数学者认为，同行评议仍然会是未来在学术期刊上发表论文的重要步骤（Allen et al., 2019; Pollett, 2020）。但是，未来会怎样？

除了采用更加开放的评议流程提升透明度，很多学者还留意到，技术也会继续改变同行评议的面貌——但是如何改变尚不确定（Pollett, 2020; Spot on Report, 2017; Tennant et al., 2017）。例如，人工智能可以用来确定、验证、匹配和邀请评议人评议特定论文，凸显论文里缺失的信息（如样本量大小），发现不适当的统计分析和伪造的数据（Spot on Report, 2017）。雅尔科尼（Yarkoni, 2012）认为，目前的社交网络平台，如奈飞（Netflix）、亚马逊、Reddit 和 Stack Exchange 为开展下一代科学评估提供了有用模型，它将能处理评估数据开放性和透明度、个性化表现指标和客户激励等问题。坦南特等人（Tennant et al., 2017）在此基础上讨论维基百科、GitHub 和区块链的某些特征可以如何用来处理这些同样的问题[①]。在极端情况下，特诺里奥-福恩斯等人（Tenorio-Fornes et al., 2019）建议，也许可以采用一个完全开放的分散式系统，这样作为中间商的出版商的角色就会被剔除。具体而言，他们认为，筛选和认证评议人、传播知识和一切同行评议过程的沟通都应当用区块链和去中心化文件系统等技术加以管

[①] 欲详细了解技术会如何影响同行评议的未来，请参考 Spot on Report（2017）、坦南特等人（2017）和雅尔科尼（Yarkoni, 2012）。——原注

理和维护（Tenorio-Fornes et al., 2019）。正如杰克逊等人（2018）所言：

> 新型独立期刊和出版社的出现让人们对同行评议有了不同于公司趋势的新理解。独立部门和公司部门取得的进步往往受到学术界以外的原则和模型的启发。我们正处于数字化时代的开端，这些趋势的结果很难预测（Jackson et al., 2018, p. 104）。

尽管当前存在无数种新型同行评议，但是目前为止，期刊对这些创新方法的接受度和学术界对这些方法的认可程度都相当有限（Horbach and Halfmann, 2019; Jackson et al., 2018）。为了回应这一问题，有人对同行评议系统提出了其他更加适度的改进，以纠正人们对它的批评，同时不彻底改变整个系统。例如，艾伦等人（Allen et al., 2019, p. 164）提出了同行评议的如下五个原则，在我们对高质量评议的定义中均有所体现。

- 内容完整性：确保研究是可靠的，也许是可以复制的。
- 内容符合道德：确保开展的研究符合道德。
- 公平性：客观公正地评议。
- 有用性：有建设性、有用的流程。
- 及时性：为作者提供及时反馈。

在每个主题下，作者都提供了补救办法，例如给评议人提供更加具体的指导和预期,以及向作者、评议人、编辑和读者公开评议人评分表和其他评估指标(Allen et al., 2019)。

尽管同行评议的未来充满不确定性,但是其最终形式应该具有三个特征(Tennant et al., 2017; Yarkoni, 2012):

- 开放性和透明度。
- 适当的激励措施。
- 定制的和个性化的研究成果衡量标准。

同行评议流程具备以上三个特征的话,就会降低研究评议的主观性,让所有研究人员获得同等发表机会。但是,同行评议的目的仍然不变:确保发表的论文能回答重要的研究问题,得到严谨实施,为相关领域创造新知识。

附录1　定量研究方法示例文章

作为获取创新知识手段的社交策略

投给《英国管理学报》(*British Journal of Management, BJM*)，2016年。

引　言

创新是公司的一项重要能力（Baden-Fuller, 1995; Nelson, 1991; Katila and Ahuja, 2002），从创意产生到发布新产品的创新过程需要知识的创新和运用（Eisenhardt and Santos, 2002）。事实上，"公司意识到**外部新信息**的价值、吸收信息并将信息运用在商业方面的能力，对公司的创新能力至关重要"（Cohen and Levinthal, 1990, p. 128）。因此，公司必须愿意并能够获取外部知识，提高自身的创新效率。公司更加频繁地让客户参与创新流程，采用开放创新模型从公司外部获取知识（von Hippel, 1998; Chesbrough, 2003; Laursen and Salter, 2006）。公司的知识基础观认为，知识是通过社会建构的（Weick and Roberts, 1993; Brown and Duguid, 1991; Nonaka, 1994），是正式和非正式社区中的社会互动的结果（Brown and Duguid, 1991; Nonaka, 1994），它可以超越组织边界。社交媒体是"虚拟平台，人们可以在平台上同步或者异步创造、分享、修改或回应各种形式的电子内容，跟其他人建立联系"（Kaplan and Haenlein, 2010; Kietzmann et al., 2011; Majchrzak et al., 2013），它是一种潜在的新知识来源，超越了公司的边界（Blazevic and Lievens, 2008; Mahr et al., 2014; Schweidel et al., 2012）。

尽管知识基础观提倡搜索外部知识，但它是在社交媒体出现之前提出的，它认为外部知识可以轻松识别和检索。但是，社交媒体上有大量无条理的、多样的分散数据（Roberts and Piller, 2016），对话的频率和内容千变万化（Kietzmann et al., 2011），使得从社交媒体上获取知识变得极为困难。可以说，知识基础观未考虑两方面内容：一是公司可以采取哪些行动获取社交媒体上客户的知识，二是这类知识的价值和内容可能存在哪些差异。本研究借鉴皮斯科尔斯基（Piskorski, 2011）的研究成果，通过聚焦社交策略这一概念来填补这些理论空白。社交策略是指**在社交媒体上积极努力帮助人们创建和改善关系，建立社会纽带**。我们认为，采用社交策略的公司能让客户参与创新，并在随后从创新中获取知识（Chiu et al., 2006; Wasko and Faraj, 2005）。

到目前为止，公司在利用社交媒体寻求创新方面取得的结果大多令人失望（Roberts and Candi, 2014; Marion et al., 2014）。一个原因是，公司未充分意识到这些平台作为社交空间的独特性质。在这些平台上，人们可以分享共同利益，形成诸多关系（Fournier and Avery, 2011; Kozinets, 2002; Nambisan and Watt, 2011; Piskorski, 2011）。的确，社交媒体可以被描述成"在人们、观点和事物之间建立联系的媒介"（Van Dijck, 2012, p. 164）。社交媒体让沟通成为可能，从而有利于关系的形成，刺激人们分享信息和知识（Fournier and Avery, 2011; Nambisan, 2002; Preece, 2000）。本文的潜在假设是，如果人们使用社交媒体的主要目的是建立和培养社会关系（O'Mahony and Lakhani, 2011），那么公司就能鼓励客户参与创新，从而通过社交策略帮助人们建立和发展这种关系，获得对创新价值的认识。

个人可以使用社交媒体展示特定的理想身份。人们往往会从自己所属的社会群体中获取身份认同（Hogg et al., 1995）。一些人会采用多重身份（Ellison, 2013），也许还会在不同社交媒体平台上展示不同身份（Kietzmann et al., 2011）。事实上，个人和公司可以将社交媒体当作构建和塑造身份的工具。"对大多数客户而言，个人主要面向同事和雇主的职业角色与面向'朋友'的自我表达之间存在巨大差异"（Van Dijck, 2013, p. 200）。各个社交媒体平台的明确或隐含的行为准则存在差异，这些差异跟每个平台的基础设施会共同影响人们在平台分享的信息类型（Kietzmann et al., 2011）。因此，采用社交策略的时候需要先决定针对哪些社交媒体平台。为此，我们调查了社交媒体平台的类型——主要用于个人目的与主要用于职业目的——会如何调节社交策略、客户参与创新和获取创新知识之间和之中的关系。

本研究主要有三方面的贡献。首先，我们通过倡导将社交策略概念当作获取创新知识的手段，推进了社交媒体时代的知识基础观。知识基础观意识到了外部新信息的价值，但是它并未说明当公司无法掌控分享的内容时（社交媒体上就是如此），需要采取哪些战略行动来开启通往知识的大门（Ooms et al., 2015）。其次，利用身份理论和人们使用的"自我展示的多重平台"概念（Van Dijck, 2013, p. 211），我们检验了社交媒体平台的差异是否影响以及如何影响社交策略、客户参与创新和获取的知识之间的关系。最后，我们是针对中小企业讨论社交策略。中小企业往往资源受限，可能会通过利用当前社交媒体平台获益，开发社交策略来利用社交媒体作为让客户参与创新过程的低成本方式，尤其符合中小企业的切身利益（van de Vrande et al., 2009）。

接着，我们回顾了自己的理论框架，提出了假设。然后，我们概述了用于收集和分析调查数据、检验我们的假设和分析结果的量化研究方法。最后，我们讨论了研究结果的影响、局限性和未来研究方向。

理论框架和假设

公司将知识应用到新产品和新服务的开发中，能获得可持续的竞争优势（Grant, 1991; Volberda et al., 2010）。因此，公司需要具备识别、获取、融合和应用外部知识来源的能力（Gottfredson et al., 2005; Cohen and Levinthal, 1990）以获取更好的创新表现（Laursen and Salter, 2006; Eisenhardt and Santos, 2002）。根据知识基础观，公司是分散式知识系统（Tsoukas, 1996），知识潜藏在个人和个人的社会交往中（Kogut and Zander, 1992; Weick and Roberts, 1993; Brown and Duguid, 1991）。

从外部来源识别和获取知识需要具备搜索策略。采用本地知识搜索策略的公司往往会利用与其现有知识存量紧密相关的知识（March and Simon, 1958），这可能会限制新想法的产生。相比较之下，研究发现，采用更广范围知识搜索策略的公司具备更加卓越的创新表现（Laursen and Salter, 2006; Jeppesen and Lakhani, 2010），因其能让公司的知识存量富有新颖而独特的想法（De Jong and Freel, 2010）。社交媒体可以让人们相互联系，分享大量各种各样的信息。再者，社交媒体十分透明，可以成为跨越边界的工具，降低人们内心对搜索外部信息和知识的抵触情绪（Ooms et al., 2015）。

本研究聚焦外部社交媒体。所谓外部社交媒体，是指"外部托管、由非组织成员使用的社交媒体"（Schlagwein and Hu, 2016, p. 4）。外部社交媒体的著名例子包括领英和脸书，它们由第三方开发和维护，个体公司对其几乎毫无掌控（Mangold and Faulds, 2009）。这些媒体的社交和动态属性，加上公司对其缺乏掌控，使得**社交策略**成为客户群体参与创新活动、贡献新知识的潜在途径。现有研究中除了皮斯科尔斯基的研究（2011, 2014）之外，都未检验有意在社群中创建和促进社交互动的社交策略是否以及如何有利于创新。

客户参与创新的潜在价值受到了广泛支持（Prahalad and Ramaswamy, 2000; von Hippel, 1998; O'Hern and Rindfleisch, 2009; Ramaswamy and Gouillart, 2010）。客户通过社交媒体参

与创新，可以包括评估新的产品创意、提出现有产品改进办法（Kiron et al., 2012; Schlagwein and Hu, 2016）、评估原型或者帮助设计和开发新产品（Frow et al., 2015; Füller et al., 2008; O'Hern and Rindfleisch, 2009）。

要想让客户参与创新，公司不仅要吸引客户入驻社交媒体，还要让他们通过分享想法、观点、感受和洞见参与创新过程（Heinonen, 2011）。同时，我们还必须认识到，人类是社会性动物，会受到社交纽带的严重影响（Pentland, 2014），他们首先会使用社交媒体结识新朋友，融入社交媒体获取社交和智力方面的好处（Fournier and Avery, 2011; Nambisan and Watt, 2011; Piskorski, 2011）。人们受个人利益（Faraj et al., 2011; Franke and Shah, 2003）或群体利益（Wasko and Faraj, 2000）驱使，会分享和整合他们的知识。后者往往出于社交和利他动机（Roberts et al., 2014）以及满足自己感到成为群体一分子的需要（Mathwick et al., 2008）。人们还使用社交媒体来达到关系和身份方面的目标（Ellison, 2013）。客户在社交媒体上的对话能为我们提供有关市场趋势、竞争对手和产品的洞见等信息（Kiron et al., 2012; Schlagwein and Hu, 2016）。通过在社交媒体上积极诱导客户之间进行对话——这属于社交策略的范围——公司可以让客户参与创新过程。

的确，社交策略通过帮助人们创建和增进关系来影响驱动社交媒体用户的动机。在熟人之间发起互动，或者帮助有共同兴趣的陌生人建立联系和互动，都可以实现这一目标（Faraj et al., 2011; Jones and Preece, 2006; Porter and Donthu, 2008）。为了发展和培养客户关系，公司可能会鼓励和推动社交媒体用户分享对群体十分重要的主题的相关信息和知识（Chang and Chuang, 2011）。例如，食品公司可能会邀请客户分享家庭假日最爱的食谱和故事。这种互动有趣且个人化，能促进社区意识。紧张的假日聚会故事会让用户产生共鸣，同时了解备餐的新窍门。

因此，我们假设：聚焦于让社交媒体用户建立关系的社交策略能推动客户参与创新过程。

假设 1：社交策略与客户在社交媒体上参与创新呈正相关。

来自公司内外部的新产品理念对创新而言至关重要（Cooper, 2008）。一直以来，客户都被视为宝贵的合作伙伴和创意来源（von Hippel, 1998, 2005）。如前文所述，客户可以参与评估新产品理念、提出方法改进现有产品、评估原型或者通过社交媒体帮助设计和开发新产品（Frow et al., 2015; Franke and Shah, 2003; Füller et al., 2008; Kiron et al., 2012; Schlagwein and Hu, 2016; O'Hern and Rindfleisch, 2009）。事实上，研究表明，客户通过参与公司的创新过程，可以提供宝贵的知识（Mahr et al., 2014; Nambisan and Baron, 2009; Candi et al., 2016）。客户可以预想新型解决方案和潜在问题，从而帮助公司了解创新知识和确定存在问题的领域（Blazevic and Lievens, 2008; Schweidel et al., 2012）。他们可能会提供关于市场机会、当前和未来客户需求、竞争（Hoyer et al., 2010; Payne et al., 2008; Prahalad and Ramaswamy, 2000）或新商业模式（Chesbrough, 2006）的观念或洞见。这就引出了我们的假设：客户在社交媒体上参与创新能增加创新知识。

假设2：客户在社交媒体上参与创新跟从客户处获取创新知识呈正相关。

尽管一切社交媒体的核心都是跟人建立联系、分享信息，但是不同的社交媒体平台吸引用户的原因各不相同（Smith et al., 2012）。每个平台有自身的架构，会提供独特的功能类型推动不同类型的用户互动（Kietzmann et al., 2011）。社交媒体让人们有机会在不同的站点上创建不同的身份，而且这些身份相互独立。因此，人们使用平台的方式各不相同，每个平台也会产生不同的做法、文化和规范（Boyd and Ellison, 2008; Smith et al., 2012）。

基茨曼等人（Kietzmann et al., 2011）倡导在利用社交媒体平台时考虑平台的主要目的。因此，我们区分了主要用于个人目的的社交媒体平台和主要用于职场目的的社交媒体平台。脸书是第一类平台的著名代表，主要用于社会交往（Papacharissi, 2009）、自我表达（Van Dijck, 2013）和自我推销（Kietzmann et al., 2011）。脸书的使命是"**赋予用户分享的权力，让世界更加开放、联系更加紧密**"。领英是第二类平台的著名代表，使命是"**连接全世界的专业人员，让他们更加高效和成功。**"领英聚焦的是职场关系（Papacharissi, 2009）、职场经验（Van Dijck, 2013）和个人品牌塑造（Kietzmann et al., 2011）。

社会身份是指一个人在社群或社会团体里的身份（Stryker and Burke, 2000）。社交媒体是个人成为社区成员、塑造身份的地方（Kietzmann et al., 2011; Van Dijck, 2013）。社交媒体能让人们有意识或无意识地表达自己的想法、感受和意见以展示自己的身份（Kaplan and Haenlein, 2010; Ellison, 2013）。身份理论认为，一个人拥有的身份数量跟这个人在其中发挥作用的"明显的关系网"数量相关（Stryker and Burke, 2000, p. 286）。再者，特定的身份往往会导致特定的行为出现，这些行为展示着当事人跟其他人交往时的身份（Stryker and Burke, 2000）。

但是，正如身份理论所揭示的那样，客户可能会在不同的社交媒体平台上展示不同的身份（Kietzmann et al., 2011），可能在每个平台的表现都各不相同（会分享不同的信息）。因为领英这样的平台主要被当作（跟同行、销售商和客户）建立商业关系网络的工具，这类平台的客户发布的信息或观点有可能是为了创建和支持他们在某个领域、技术或产品类别方面的专家身份。这样，他们可以建立与职业或组织目标相关联的职业联系，而不是个人成就或关系。主要用于职场目的的社交媒体平台架构会设立规则，在模拟职场环境的情况下，规定哪些类型或形式的内容可以分享，如何接触客户（Papacharissi, 2009）。由于主要出于职场目的的社交媒体用户更有可能采用职场角色，宣传自己的职场身份，跟主要用于个人目的的社交平台相比，他们在参与职场社交时警惕性会更高。他们可能的自我暴露和参与程度较低，参与创新活动和分享知识的欲望也更低。再者，主要出于职场目的的社交媒体平台用户可能是自己领域内的专家，可能会提供具有潜在创新价值的专门知识。但是，他们分享的知识可能会跟本地知识进行比较，而本地知识可能会跟公司现有知识存量存在紧密联系，

· 159 ·

可能不会使获得的知识得到加强或多元化。这些用户可能还会以公司员工的身份加入职场社交媒体平台，在公开场合发表观点时可能会更加谨慎，因为他们担心竞争对手可能会利用这一知识。

相比较而言，主要用于个人目的的社交媒体平台架构往往更加灵活而松散（Papacharissi, 2009），明显是为了方便社会交往（Van Dijck, 2012）。因此，用户的交流往往都是非正式的、个人化的，主题和问题贴近自己的生活（Van Dijck, 2012）。在主要用于个人目的的平台上，用户经常直言不讳、创意十足（Berthon et al., 2012）。这些特征表明，主要用于个人目的的社交媒体平台用户往往相当开放，愿意参与创新活动，因此，会贡献对创新具有重要价值的新颖而独特的观点和知识。

考虑到这些差异，我们认为，社交媒体平台的类型——主要用于个人目的或主要用于职场目的——一方面会调和社交策略和客户参与创新之间的关系，另一方面会调和客户参与创新和获得的知识之间的关系。因此，我们提出以下假设：

假设3：客户参与创新的社交媒体平台的类型，能调节社交策略和客户在社交媒体上参与创新的关系。主要出于个人目的的社交媒体上的关系要强于主要出于职场目的的社交媒体的关系。

假设4：客户参与创新的社交媒体平台的类型，能调节客户在社交媒体上参与创新跟从客户处获得的创新知识的关系。主要出于个人目的的社交媒体上的关系要强于主要出于职场目的的社交媒体的关系。

研究模型总结如图 A.1.1 所示。

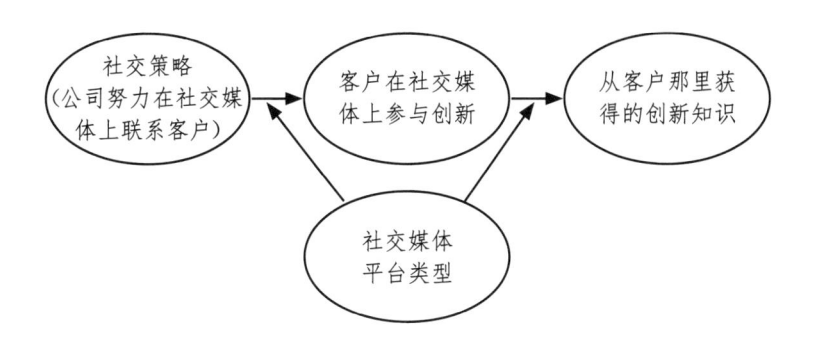

图 A.1.1 研究模型

方　法

利用社交媒体作为让客户参与创新过程的低成本方式，其中的潜在收益和从中获取的知识，使得社交策略与中小企业尤其相关。而这正是本研究的经验背景。

研究采用网络问卷调查了北美和欧洲中小企业的经理。北美的样本是从专门小组研究供应商（ResearchNow）处获取的，他们将调查问卷发送给2298名各个行业的经理。从大量潜在受访者那里获取少量回复，这种方法可能会引起自我选择偏差。但是，我们制订了一些标准，确保受访者有资格提供我们想要的信息。受访者入选标准包括：受访者必须是对自己公司的创新具备洞察力的经理，他们所在的公司过去一年里必须至少发布一款新产品或一项新服务，他们所在的公司必须是员工人数少于250

人的中小企业。研究表明，只要受访者具备必要的知识完成调查，专门小组调查的结果跟随机样本的结果并不会有显著差异（Krotki and Dennis, 2001; Pollard, 2002; Skinner, 2009）。

满足同样标准的272家欧洲公司的经理接到电话要求回答调查问卷。由于我们直接联系了欧洲经理，且他们是从一群潜在受访者当中筛选出来的，所以该样本的自我选择偏差问题可以忽略。

我们一共收集了450份调查问卷：246分来自北美，204份来自欧洲。样本中的公司平均有31名员工。样本涵盖了各行各业，具体请看表A.1.1中的总结。

表 A.1.1　调查样本的构成

	北美样本	欧洲样本	合计
受访者数量	248	202	450
公司平均规模（员工人数）	38	23	31
公司平均存续期	31	11	22
按行业分类：			
IT行业	12%	32%	23%
物流行业	3%	4%	4%
金融业	10%	1%	5%
咨询业	24%	30%	27%
其他服务业	11%	7%	9%

续 表

	北美样本	欧洲样本	合计
工业制造业	14%	15%	15%
电子工业	16%	3%	9%
消费品业	10%	8%	9%

调查问卷中明确说明，经理只需要回答有关公共社交媒体平台的问题，而不是公司自身拥有和维护的社交媒体平台或在线社群。一共有350家公司表示在使用公共社交媒体平台，从这些公司收集的数据被用来检验这些假设。当被问到哪个社交媒体平台对他们的创新活动最重要时，39%的受访者提到了脸书，15%提到了领英，5%提到了推特，剩余的提到了各种各样其他公共社交媒体平台。

由于没有现成的量表测量社交策略——即公司在社交媒体上为让客户相互联系而做出的努力——于是我们开发了一个新量表。首先，我们根据多拉基亚等人（Dholakia et al., 2004）、那比桑（Nambisan, 2002）、波特和顿图（Porter and Donthu, 2008）的研究，出了24道题目。这些题目随后发给9位学术界和行业专家评议。专家要评估每道题目在多大程度上反映了问题中的变量。评议完后，保留了13道题目。将完整调查发给11位经理做预测试后，题量减少到11道题目，一些题目的表述有改动。最终的题目列在表 A.1.2 当中。

表 A.1.2 变量和调查题目

(所有调查题目的答案范围是1~5。1表示"程度较小"或者"不同意",5表示"程度较大"或者"同意")

变量	调查题目
筛选题1	从下面的列表中,选择贵公司正在使用的社交媒体平台(如果贵公司未使用这些平台,请勿勾选任何选项)。 [列出收集数据时普遍使用的16个社交媒体平台,还有一个选项用来输入其他社交媒体平台的名称]
筛选题2	在你选择的社交媒体平台中,请指出你认为哪一个对贵公司的新产品/服务开发活动最重要: [在筛选题1中已经勾选了的社交媒体平台列表]
社交策略 (在Dholakia et al., 2004; Nambisan, 2002; Porter and Donthu, 2008的基础上制定的新量表)	请说明贵公司在X上的以下方面付出了多大努力[X是指对NPD而言最重要的社交媒体平台]: 让客户相互交流 让客户相互认识 让客户加强彼此之间的关系 让客户相互帮助

· 164 ·

续 表

变量	调查题目
社交策略 (在 Dholakia et al., 2004; Nambisar, 2002; Porter and Donthu, 2008 的基础上制定的新量表)	为客户交流提供便利 增强客户跟其他客户的连接感 让客户对其他客户产生好印象 让客户彼此保持联系 让客户跟其他客户打成一片 让客户相互之间轻松沟通 让客户自发地进行非正式对话
客户在社交媒体上参与创新 (改编自 Feng et al., 2010)	请说明你在多大程度上同意或不同意以下表述(X是指对NPD而言最重要的社交媒体平台): 我们的客户经常会提出方法改进X上的产品/服务 我们在开发X时会听取客户对新产品/服务的意见 我们在X上设计和开发新产品/服务时会让客户参与 我们的客户会严重影响X上的新产品/服务的设计 我们公司强烈认同客户参与X对新产品/服务的开发至关重要 我们利用X让客户参与我们产品/服务的持续改进

续 表

变量	调查题目
从客户处获取的创新知识（改编自 Thomke and Fujimoto, 2000; Ulrich and Eppinger, 2011; Cooper, 2001, 2005, 2008; Nonaka, 1994; Nonaka and Takeuchi, 1995）	请说明贵公司在新产品/服务开发过程中跟客户交流收获的大小： 新概念和产品/服务理念 进入新市场的机会 对新商业模式的看法 对客户未来需求的看法 对竞争的看法
客户和员工的一般互动	请说明你在多大程度上同意或不同意以下表述： 客户会定期跟我们的员工沟通 客户会经常跟我们的员工合作 客户会经常跟我们的员工互动 客户跟我们的员工有很强的连接感 客户可以迅速跟我们的员工取得联系

六道测量客户参与创新的题目改编自冯等人（Feng et al., 2010）。从客户处获得的创新知识的变量，由测量对创新有价值的五类知识组成（请查看表 A.1.2），每类知识都会对创新过程产生重要影响（Cooper, 2001, 2005, 2008; Nonaka, 1994; Nonaka and Takeuchi, 1995; Thomke and Fujimoto, 2000; Ulrich and Eppinger, 2011）。

我们还创建了一个自变量——公司员工跟客户之间的一般互动水平，并将其跟社交策略分开。测量该变量的题目跟测量社交策略的题目的创建方式类似，但是具体提到了员工跟客户之间的关系，未提到社交媒体。我们预计，公司跟客户的一般互动程度可能会跟他们采取社交策略的倾向，以及客户为创新做出贡献并为创新过程提供有价值的知识的可能性有关。

由于公司规模可能会跟公司调动客户参与创新的能力相关，因此公司规模（员工人数）的对数被作为一个自变量。公司平均存续期同样有可能与公司调动客户参与创新的能力相关，所以我们也将公司平均存续期的对数当作一个自变量。

测量模型拟合度良好，χ^2=702（自由度为 360），近似误差均方根（RMSEA）=0.051，相对拟合指数（CFI）=0.96，塔克-刘易斯指数（TLI）=0.96。表 A.1.3 显示了自变量的合成信度和平均提取方差值，变量的平均值和两两相关系数。我们发现，所有合成信度都超过了普遍接受的分界点 0.7，所有平均方差均超过 0.5。比较平均方差提取值和变量的相关系数后发现，满足福内尔和拉尔克（Fornell and Larcker, 1981）提出的收敛效度判断标准。

表 A.1.3 自变量的合成信度和平均提取方差值，变量的平均值和两两相关系数
（加粗的两两相关系数 p 值小于 0.05）

	平均值	CR	AVE	1	2	3	4	5
自变量								
1.社交策略	1.90	0.98	0.78					
2.客户在社交媒体上参与创新	2.10	0.93	0.70	**0.57**				
控制变量								
3.员工和客户之间的一般互动程度	3.08	0.89	0.61	**0.13**	0.08			
4.公司规模（对数）	1.14			0.05	0.07	0.06		
5.公司平均存续期（对数）	1.14			0.08	0.00	**0.11**	**0.29**	
因变量								
6.从客户处获得的创新知识	3.39	0.91	0.67	**0.31**	**0.35**	**0.22**	-0.11	0.00

格雷瓦等人（Grewal et al., 2004）提供了一套指南来检测自变量各个范围内相关系数的潜在多重共线性。在相关系数为 0.4—0.59 时，表 A.1.3 中有一个例子，格雷瓦等人展示了假如信度很高（超过 0.7）、R^2 可接受（此处 R^2 为 39%），样本量足够大，那么多重共线性就不是个问题。为了进一步探讨多重共线性，他们还检验了方差膨胀因子。最大的方差膨胀因子为 1.55，远低于保守阈值 5（Marquardt, 1970）。因此，我们认为不存在多重共线性问题。

由于数据是从单一受访者处收集的，我们还需要留意可能出现的共同方法偏差。在开发调查问卷时，我们采用了波德萨科夫等人（Podsakof et al., 2003）推荐的程序控制。受访者可能会有所顾虑，提供的是在社交上更容易接受的回答。为了减少受访者的忧虑，调查问卷清楚地表示，受访者会保持匿名。我们进行了 Harman 单因素法检验，发现预期的多个因素一共占方差的 96%，没有哪个因素占协方差的绝大多数。作为共同方法偏差的额外测试，我们还在调查问卷中加入题目测量跟本研究主题不相关的变量（Bagozzi, 2011; Lindell and Whitney, 2001）。这个"跟公司的人力资源管理有关"的变量是用三道题目来测量的。在因素分析中，这些题目的负载在一个变量上，跟其他变量不存在大量交叉负载。这些测验让我们相信，数据不存在共同方法偏差。

研究发现

我们用结构方程模型来检验假设 1 和假设 2，结果显示在表

A.1.4 中。为了保持完整性，除了假设的路径外，还包括了社交策略和变量"从客户处获得的创新知识"之间的路径。

表 A.1.4 结构方程模型的结果
（系数已经标准化）

	标准化回归系数	标准误	z	P>z	
因变量：客户在社交媒体上参与创新					
员工跟客户之间的一般互动程度	0.06	0.05	1.32	0.19	
公司规模	0.06	0.05	1.29	0.20	
公司平均存续期	-0.06	0.05	-1.32	0.19	
H1社交策略	0.62	0.04	16.91	0.00	**
因变量：从客户处获得的创新知识					
员工跟客户之间的一般互动程度	0.20	0.05	3.70	0.00	**
公司规模	0.01	0.05	0.17	0.87	
公司平均存续期	-0.12	0.05	-2.30	0.02	*
社交策略	0.15	0.07	2.12	0.03	*
客户在社交媒体上参与创新	0.26	0.07	3.56	0.00	**

注：*$p<0.05$，**$p<0.01$

我们先来看因变量"客户在社交媒体上参与创新"的结果，我们发现，假设1得到了支持。因此，我们可以推测，在社交媒体上采用社交策略的公司，比其他公司更有可能从客户在社交媒体上参与创新中受益。调查结果强调了在网络环境中互动的相关动机的重要性（Hemetsberger, 2003; Jawecki, 2008; Shah, 2006），印证了皮斯科尔斯基（2011）的观点：培养社区意识有助于增强客户参与和促进公司的创新过程的意愿。

控制变量跟客户在社交媒体上参与创新都不存在显著相关。尤其要注意的是，员工跟客户之间的一般互动程度在统计上没有显著意义，这点印证了我们的立场：社交策略跟公司和客户的一般互动存在根本区别。实际上，事后检验在结构模型中加入了社交策略和一般互动程度这条路径，结果发现统计上没有显著意义。

现在来看因变量"从客户处获得的创新知识"的结果，我们能发现，假设2得到了印证。这表明，客户在社交媒体上参与创新，公司有可能从客户处获得更多创新知识。有趣的是，社交策略还跟获得的创新知识存在显著相关性。这意味着，跟客户在社交媒体上参与创新无关，采取社交策略本身就能有效地获得具有创新价值的知识。

下面来看控制变量，我们会发现，员工和客户之间的一般互动程度跟获得的创新知识存在相关性。因此，我们可以推测，除了让客户在社交媒体上参与创新外，让公司跟客户维持高水平互动，也有可能导致从客户处获得的创新知识增加。获得的知识与公司规模不存在相关性，而跟公司平均存续期存在相关性。成立更久的公司比年轻公司更有可能获得知识。

为了测试假设3和假设4中关于社交媒体平台的调节作用（主要用于个人目的与职场目的），我们采用了多组结构方程模型，再用沃尔德检验检查各组之间是否具有显著差异。分组变量是根据对创新最重要的社交媒体平台来确定的。其结果显示在表A.1.5中。

假设3中社交媒体平台类型对社交策略和客户在社交媒体上参与创新的关系起到的调节作用得到了印证。尽管在两种社交媒体平台上社交策略的系数均为正且具有显著意义，但是从相应的沃尔德检验结果中可以发现，主要用于个人目的的社交媒体平台的系数明显更大。

假设4中社交媒体平台类型对客户在社交媒体上参与创新和从客户处获得的创新知识之间的关系的调节作用得到了印证。数据表明，跟主要出于职场目的在社交媒体上参与创新的客户相比，在主要出于个人目的的社交媒体平台上参与创新的客户更愿意分享有价值的知识。这也印证了我们的论点：在更加个人化的社交平台上，自我展示的水平可能会更高，而在更加职业化的社交媒体平台上，客户对于将可能有价值的知识分享给竞争者的抵触心理会更强。

我们分别用结构模型测试了北美子样本和欧洲子样本，两个子样本的结果一致，这证实了我们将联合样本作为一个整体的合理性。如前文所述，样本包含了各行各业的公司。由于涉及的小规模子样本数量太多，我们无法对每个行业进行单独分析，但是我们可以对服务业公司和制造业公司进行单独分析。服务业公司跟制造业公司之间未发现显著区别，所有沃尔德检验均得出不显著结果。我们还分别对员工人数少于 10 人的微型企业跟更大的中小企业进行了类型的检验，未发现区别。因此，我们可以推测，在两个地区的样本中、在制造业和服务业的划分中、在不同的公司规模中，结果都是站得住脚的。

讨 论

社交策略是提升公司利用外部知识进行创新的潜力的新型机制。它印证了昌和川（Chang and Chuang, 2011）的想法：知识属于个人。因此，我们不能强迫别人分享知识，但是可以鼓励和推动他们分享。社交策略就是一种帮助人们创建或增强关系的方法。重要的是，社交策略能支持人们满足他们的天性，支持与他人联系以获得社区和社会的认可的渴望，是利用他们作为有创新价值的知识来源的前提。客户感受到公司在推动他们之间的互动后，可能会感激公司，对公司的创新举措做出贡献。

表 A.1.5 多组结构方程模型的结果

	第1组：主要用于个人目的的社交媒体平台				第2组：主要用于职场目的的社交媒体平台					
	标准化回归系数	标准误	z	P>z	标准化回归系数	标准误	z	P>z	沃尔德检验 p	
因变量：客户在社交媒体上参与创新										
员工和客户的一般互动程度	0.12	0.06	1.98	0.05	0.07	0.08	0.96	0.34	0.81	
公司规模	0.08	0.06	1.37	0.17	0.06	0.07	0.86	0.39	0.93	
公司平均存续期	-0.08	0.05	-1.66	0.10	-0.06	0.06	-1.03	0.30	0.87	
H3社交策略	0.79	0.04	22.16	0.00	0.52	0.06	8.54	0.00	0.02	*
因变量：从客户处获得的创新知识										

续 表

	第1组：主要用于个人目的的社交媒体平台				第2组：主要用于职场目的的社交媒体平台				
	标准化回归系数	标准误	z	P>z	标准化回归系数	标准误	z	P>z	沃尔德检验 p
员工和客户的一般互动程度	-0.04	0.08	-0.50	0.62	0.36	0.08	4.62	0.00	0.00 **
公司规模	-0.03	0.07	-0.35	0.73	-0.06	0.08	-0.79	0.43	0.73
公司平均存续期	-0.10	0.07	-1.47	0.14	-0.04	0.07	-0.54	0.59	0.47
社交策略	0.03	0.14	0.20	0.84	0.08	0.09	0.88	0.38	0.76
H4客户在社交媒体上参与创新	0.53	0.13	3.97	0.00	0.20	0.10	2.11	0.04	0.03 *

社交策略跟现代主义、实证主义的可控性观点中所蕴含的以企业为中心的传统做法背道而驰，因为它需要放弃对围绕企业及其产品的对话和活动的控制。随着社交媒体的使用势头猛增，公司无法再通过控制信息、品牌和沟通渠道获利。社交策略意识到了正在改变的营商环境，客户的话语权甚至超过公司，社交因素比经济因素的地位更加重要。鉴于社交媒体越来越流行，社交媒体对营商环境带来了根本性变化，公司需要想方设法地利用社交媒体作为创新知识的来源，而社交策略就是其中一种方法。

无论在线上还是线下，人们都可以拥有不止一个身份，可能会为自己打造一种理想的人设。因此，我们需要注意不同社交媒体平台的区别。为了更加深入地理解社交策略的有效性，本研究比较了社交媒体在主要用于个人目的的社交媒体和主要用于职场目的的社交媒体上的有效性。结果表明，跟在主要用于职场目的的社交媒体平台（如领英）参与创新的客户相比，在主要用于个人目的的社交媒体平台（如脸书）参与创新的客户更愿意分享有价值的知识。这印证了一个观点：在用于个人目的的社交媒体平台上，客户自我展示的程度和分享知识的意愿更高。我们的研究结果表明，在主要用于个人目的的社交媒体平台上寻求知识的话，公司采取社交策略会取得良好表现。相比较而言，主要请求公司出主意或者跟公司建立联系的策略，可能会有损鼓励客户分享真知灼见的社区意识和公开性。

在主要出于职场目的的社交媒体平台上，公司在寻求对产品和功能的看法时可能会更加直接，但是仍然会采取强调客户之间关系的社交策略。例如，公司可能会在这些平台上创建技术或产品组，有共同兴趣的人可能会加入。这些小组可以分享关于新产品、新服务和新市场的看法，不必透露太多私密的或个人的信息。在这些平台上，客户可能对接触自身的职场网络、联系人和提供关于潜在客户需求或竞争的洞察喜忧参半，他们可能觉得需要分享的内容太多了。总而言之，公司若想利用社交媒体获取创新知识，利用主要用于个人目的的社交媒体平台可能会更加有效。但是，当公司的产品、服务或市场使这些论坛在很大程度上变得无关紧要时，他们就要意识到，这可能是主要用于职场目的的社交媒体客户的特点。

在引入社交策略的概念时，我们提出了一种在社交媒体的独特和新兴背景下获取具有创新价值的知识的方法，从而为知识基础观做出了贡献。我们的研究还能拓展吸纳能力的概念（Cohen and Levinthal, 1990）。它结合了创新的外部维度（或者公开创新）和内部维度，前者关注外部知识来源的认证与开发，后者关注公司内部的学习和知识转移过程（Cohen and Levinthal, 1990）。虽然大多数有关吸纳能力的研究强调内部知识吸纳维度，但是我们的研究重点却是外部知识获取维度，或者说是莱恩等人（Lane et al., 2006）所谓的形成吸纳能力前提的过程。社交策略反直觉的放弃控制权机制强调，可以通过鼓励和允许客户之间建立关系，从而拓展吸纳能力的外部维度。

中小企业应当想方设法地获取外部知识为自己赢得竞争优势。本研究在利用社交媒体方面得出的积极结果，为中小企业的经理带来了重要启示。可以建议这些从业人员采用社交媒体策略，在社交媒体上——尤其是主要用于个人目的的社交媒体平台上寻找愿意参与创新流程和提供具有创新价值的知识的人。总而言之，在现有社交媒体平台上开发社交策略，通过有效增加客户互动的广度，实现开放式创新的好处，对中小企业而言是一种划算方式。

斯克拉文（Schlagwein）和胡（Hu）表示，"社交性"（用社交媒体建立交情和社会关系）是社交媒体五种不同用途中的一种。他们还认为，对组织而言，只关注社交性还不够。的确，我们认为，公司要想达成自身的目标，在社交媒体上促成社交联系只是第一步。

因为本研究关注的是中小企业，所以研究结果具有一定的局限性，无法推广到大企业当中。但是，大企业同样会使用社交媒体，所以检验大企业采用社交策略的情况能提供有用的见解。尽管通过我们的分析结果可以推测，我们的结果在检验的两个地区的样本中、在制造业和服务业的划分中、在中小企业不同的公司规模中足够稳定，但是我们的样本只包括西方国家的公司，未来需要调查更广泛的地区。

最后，我们的研究结果印证了皮斯科尔斯基（2011）的建议：企业应该有意识地开发社交策略，帮助人们创建或增强关系，这反过来也会让人们愿意付出时间和努力参与创新。这些关系如果协调得当，可以让企业加强创新的知识基础。这是开放式创新承诺的核心。我们进一步建议，有效完成这项工作所需的组织能力十分重要，也是未来研究的潜在领域。

部分参考文献

Anderson, J. C. and D. W. Gerbing. (1984), 'The effect of sampling error on convergence, improper solutions, and goodness-of-fit indexes for maximum-likelihood confirmatory factor analysis', *Psychometrika*, 49, 155–173.

Bagozzi, R., Y. Yi, and L. W. Phillips. (1991), 'Assessing construct validity in organizational research', *Administrative Science Quarterly*, 36, 421–458.

Grewal, R., J. A. Cote, and H. Baumgartner. (2004), 'Multicollinearity and measurement error in structural equation models: Implications for theory testing', *Marketing Science*, 23(4), 519–529.

Hair, J. F., M. Sarstedt, L. Hopkins, and V. Kuppelwieser. (2014), 'Partial least squares structural equation modeling with R', *Practical Assessment, Research and Evaluation*, 21(1), 1–16.

Hair, J., M. Sarstedt, and C. Ringle. (2019), 'Rethinking some of the rethinking of partial least squares', *European Journal of Marketing*, 53(4), 566–584.

Hayes, A. F. (2018), *Introduction to Mediation, Moderation, and Conditional Process Analysis*. New York: The Guilford Press.

Henseler, J., C. Ringle, and M. Sarstedt. (2014), 'A new criterion for assessing discriminant validity in variance based structural equation modeling', *Journal of the Academy of Marketing Science*, 43(1), 115–135.

Pieters, R. (2017), 'Meaningful mediation analysis: Plausible causal inference and informative communication', *Journal of Consumer Research*, 44(3), 692–716.

Podsakoff, P. M., S. B. MacKenzie, and J. Y. Lee. (2003), 'Common method biases in behavioral research: A critical review of the literature and recommended remedies', *Journal of Applied Psychology*, 99, 879–903.

Preacher, K. J., D. D. Rucker, and A. F. Hayes. (2007), 'Addressing moderated mediation hypotheses: Theory, methods, and prescriptions', *Multivariate Behavioral Research*, 42(1), 185–227.

Richardson, H. A., M. J. Simmering, and M. C. Sturman. (2009), 'A tale of three perspectives: Examining post hoc statistical techniques for detection and correction of common method variance', *Organizational Research Methods*, 12(4), 762–800.

Voorhees, C., M. Brady, R. Calantone, and E. Ramirez. (2016), 'Discriminant validity testing in marketing: An analysis, causes for concern, and proposed remedies', *Journal of the Academy of Marketing Science*, 44, 119–134.

Williams, L. J., N. Hartman, and F. Cavazotte. (2010), 'Method variance and marker variables: A review and comprehensive CFA marker technique', *Organizational Research Methods*, 13(3), 477–514.

附录 2　定性研究方法示例文章

建模投资组合决策过程

提交给《产品创新管理期刊》(*Journal of Product Innovation Management*)，2009 年。

引　言

在当今激烈的竞争环境中，公司只有持续创新才能获得成功，保持业务长期增长（Hauser et al., 2006）。持续创新意味着公司或商业部门在任何时点都有多款产品在开发。持续的成功取决于适当地投资于产品线内的产品迭代和产品线延伸，以及将这些产品线扩展到新市场空间。但是，由于资金有限，公司必须决定在哪个时点在哪款产品上投入多少资金——换句话说，公司必须决定在哪个时间段实施产品开发项目的总体投资组合，从而将取得的总体成功最大化。公司的长期成功取决于拥有关于整个机会组合的有效决策过程。

今天各个行业的成功公司都意识到了熟练的投资组合管理的重要性，并在企业理念中强调了这一点。比如，雅达利[①]北美分公司的 CEO 最近在一次采访中解释道："作为一家采取最佳实践的公司，我们非常专注于如何持续成长——我们如何看待我们所拥有的产品组合，以及如何将组合最大化"（Brightman, 2008）。再如，在经历了困难重重的一年后，莎莉公司在 2005 年的公司年报中表示："我们的路线是清晰的。我们更加紧密地跟我们的客户和消费者联系在一起，聚焦于我们的商业投资组合，在莎莉公司内部培养协作精神，提高效率和效益。"之后的年报显示，公司在强大的投资组合的基础上实现了快速成长。"公司具有全球最受喜爱的领先投资组合，拥有创新和值得信赖的食品、饮料、家居和身体护理品牌"（Sara Lee Annual Report, 2008）。

但是，如果管理不善且与公司的战略不一致，那么糟糕的投资组合决策就会对公司的业绩产生严重的负面影响（Cooper et al., 2001b）。在美国汽车行业，公司由于投资组合管理决策糟糕而亏钱的案例数不胜数。比尔·福特在 2006 年承认，福特汽车公司由于管理层未能做出正确的投资组合决策，导致公司陷入财务困难。通用汽车公司一直在制造人们不想买的汽车，过去 40 年里，其美国市场占有率从 53% 下滑到 20%（George, 2008）。美国最大的三家汽车制造商福特、通用和克莱斯勒在经济衰退期间被迫重新调整工作重点，都在 2009 年初宣布彻底改变产品策略，追随表现更好的竞争对手丰田的步伐，开始专注于制造更省油的汽车

[①] 雅达利（Atari）是一家游戏开发商。——编者注

（Fujimura, 2009）。

最近的研究发现，新产品开发（NPD）组合存在两个系统性问题。首先，在很多公司内部，新产品开发已经从激进式创新转向渐进式创新，导致一些投资组合失衡，不再符合公司的战略方向（Barczak et al., 2009; Cooper et al., 2004a, 2004b, 2004c）。其次，很多新产品开发项目投资组合已经不堪重负，导致类似救火的情形出现（Repenning, 2001），投资组合经理一直在解决紧急问题，不能"把握全局"，不知道该如何努力获得最大成功。这些挑战带来的后果就是，很多公司由于无法做出有效的新产品开发投资组合决策并实施决策，导致整体的成功率下降。

文献中还经常呼吁人们参与开发有效的投资组合管理流程（Cooper et al., 1999, 2004a, 2004b, 2004c; Hauser et al., 2006）。但是，到目前为止，学术界主要关注的是选择单个新产品开发项目的方法（Blau et al., 2004; Cooper et al., 2001a; Englund and Graham, 1999），以及人类局限性在终止决策中起到的作用（Balachandra et al., 1996; Biyalogorsky et al., 2006）。论述在日常总体投资组合决策中避免或解决挑战的研究十分罕见。这点很不幸，因为从全局把握投资组合，从战略高度做决定，要比一个个单独筛选项目和做出终止决策难得多（Cooper et al., 2000）。

本研究旨在填补当前文献的部分空白。该系列研究的目标是，从长期来看公司应该如何管理才能做出有效的投资组合决策。本研究采用扎根理论和多案例研究方法，完整地调查了投资组合决策过程。这些方法使我们可以在各种背景下全面地调查决策过程。研究的目的是，制定一个总体框架，说明投资组合决策过程的组成部分和结果，并深入剖析如何整合这些成分，以提升公司投资组合决策的有效性。我们希望今后的研究能使用这个框架，从实证角度拓展我们的研究结果。

下一节先回顾了投资组合决策方面的文献，并提出了我们的研究问题。接着提出了研究方法。然后，给出了我们的结果，从解释什么是有效的投资组合决策开始。论文的结尾部分讨论了管理影响、局限性和未来研究。

文献综述

文献综述部分从现有的有关个别项目选择和终止决策的研究入手。我们注意到，研究者从不同的角度来看待这些决策。接下来，文中提到了实际生活中是如何管理新产品投资组合的。这部分结尾处总结了文献空白，并提出了研究问题。

项目筛选：关注量化建模方法

有关新产品开发项目筛选的文献主要关注的是如何开发和研究复杂的量化建模方法。这类研究主要是从金融和运筹学研究理论中的理性角度来对待这些决策（Camillus, 1982）。推动新产品开发项目筛选决策采用的主要方法，可以划分为金融方法和数学优化方法（Cooper et al., 2001b; Dickinson et al., 2001）。这些方法的共同点是，它们最终都会将决策视为基于理性的、证据的严格数字比较。

尽管大多数金融方法和数学优化方法得到了理论支持，但是也遭到了大量批评。研究者表示，新产品开发项目的数据是推测出来的，直到产品在市场上发布（或者甚至在市场发布后很久）才会得出真实数据。没有确切数据的话，这些方法得出的结果会不可靠，尽管研究者声称数据是"客观的"（Blau et al., 2004; Linton et al., 2002; Poh et al., 2001; Repenning, 2001）。为了回应这一批评，人们还提出了更加复杂的概率性金融方法，如实物期权方法（Cooper et al., 2001b）。实物期权方法遵循在股票市场购买期权的原则，以补偿相关的创新风险（Janney and Dess, 2004; McGrath, 1997）。实物期权方法尽管有助于获得现实的风险和回报计算结果，但是并不好用，因此学术意义大于实践意义。标杆研究显示，完全依赖金融方法做出项目筛选决策的公司，业绩比其他公司差（Cooper et al., 2004a, 2004b, 2004c）。但是，在投资组合管理项目筛选决策中，金融方法仍然是最受欢迎的方法（Blau et al., 2004; Cooper et al., 1999; Poh et al., 2001）。

项目终止：决策中的人类行为

终止决策是投资组合管理的一个重要方面，这些决策叫停的项目要么是无法为公司提供足够的利润，要么是不符合公司的战略。终止决策能释放资源，为其他利润更丰厚的机会腾出空间。但是，决定终止正在进行的项目并不容易。实际上，项目终止决策是最难做出的决策之一（Balachandra et al., 1996; Balachandra and Friar, 1997; Calantone et al., 1999）。我们来想象一下，一名项目经理投入了大量的时间和精力在某个新产品开发项目上，该项目是真正的创新，对公司的未来至关重要。假设项目的成功跟项目经理未来的奖金挂钩。但是，过了几个月甚至几年后，新数据显示，项目成功的概率很低，因此应当终止。我们能理解，在这种情况下，项目经理会把项目终止视为个人的失败（Boulding et al., 1997; Schmidt and Calantone, 1998）。"即使有清晰的迹象表明项目不会取得成功，个人还是对项目投入了很多感情，很不情愿终止项目"（Balachandra and Friar, 1997: 92）。

这种"承诺升级"[①]的源头往往出现在个人最初参与项目时，因此，如果终止决策是由没有参与项目的人做出的，这一问题就可能避免。然而，最近的研究结果表明，偏见信念更新（即与最初信念有关的新信息的扭曲评价）也在承诺情况升级的形成过程中发挥了重要作用（Biyalogorsky et al., 2006）。这一结果表明，即使是做投资组合管理决策的人刚开始未参与到项目中，他们仍然可能会受到主观感受的影响，对项目的前景做出过分乐观的评估。

关于新产品开发投资组合管理的实证研究

为了总结对单个项目决策的研究，项目筛选研究主要关注的是用量化方法选择开发项目，使投资组合的价值最大化。终止研究考察的是假设人类是理性的，个体如何做出项目终止决策。但

---

① 承诺升级（escalation of commitment）是管理心理学中的一个概念，是一种在过去决策的基础上不断增加承诺的现象。——译者注

实际上，人们并不理性（Eisenhardt and Zbaracki, 1992; Simon and Newell, 1960）。这些文献还没有从单个项目决策过渡到如何创造更成功的投资组合或更有效地管理整个投资组合。事实上，只有三项研究对新产品投资组合的整体表现进行了实证研究。

埃格斯（Eggers, 2006）利用共同基金的数据研究发现："同时分散研究大量新产品领域实际上对公司不利。"集中精力投资一个领域（基金）的新产品的基金经理，要比那些分散精力投资具有不同增长和收入目标的多个基金的经理业绩更好。

在另一背景下，沃斯等人（Voss et al., 2006）使用最大的非营利性专业戏剧行业服务组织——剧院传播集团的数据研究剧院的成功跟投资组合创新性之间的关系。投资组合创新性的操作性定义是，一年中剧院的新剧目或之前从未制作过的剧目占之前制作过的剧目的百分比（例如，当代百老汇的成功作品或经典作品，如莎士比亚戏剧）。他们发现，投资组合整体创新性跟年度收入的关系呈曲线型，是一个呈偏态的倒置 U 型，剧院的新剧目占 25% 时收入最高。

库珀等人（Cooper et al., 1999, 2000, 2001a, 2001b）的新产品投资组合实证研究规模最大。该研究收集了 205 个公司的调查数据，分为六类变量：投资组合管理的重要性、投资组合管理办法、管理层对投资组合方法的满意度、投资组合管理方法的业绩、投资组合管理方法的特征、一般人口统计数据。这项描述性研究，是为当前评估和管理办法（如金融方法、战略一致性方法、气泡图、评分模型和检查列表）制定基准，对评估投资组合采取的不同方法实现的不同结果形成初步理解。平均而言，这项研究发现，使用的投资组合管理和评估方法在捕捉决策问题的关键部分上不是特别有效、用户友好以及被高管充分理解（Cooper et al., 1999）。

研究还确定了有望成功的投资组合的三个广泛目标：**实现战略一致性**，也就是让公司的商务战略跟新产品开发行动保持一致；**让投资组合价值最大化**，也就是找到资源投入和回报的最优比；**取得平衡**，也就是投资组合的某些属性是和谐的（渐进式创新 vs. 激进式创新，风险 vs. 回报特征）。库珀等人（2001b）发现，在这些目标上表现最好（自述评分）的投资组合的公司，更有可能使用明确的既定评估方法，有明确的规则和程序，得到管理层的支持，在所有适当的项目中一致适用，并同时考虑针对项目组合中所有项目的决策。研究进一步表明，业务战略一致性方法（business strategy alignment methods）实现以上目标的可能性比金融方法更高，但是并不比其他评估和管理方法明显优越。

有趣的是，产品开发与管理协会（Product Development & Management Association, PDMA）最近的新产品开发研究为库珀的发现提供了佐证（Barczak et al., 2009）。这项研究调查了超过400家公司采取的各类新产品开发方法，结果发现，"最好的公司"——从三个维度上来看，新产品开发整体业绩为前21%的公司——使用定义明确的、有组织的投资组合管理流程的比例（65%）要高于其他公司（51%），也更有可能使用"战略桶"商务战略一致性投资组合管理方法。

文献空白

管理新产品开发投资组合，为公司提供源源不断的成功新产品，对公司的长期生存至关重要。要想做到这一点，公司就需要有效而高效地做出新产品开发投资组合决策。但是，有关投资组合决策的当前研究很少解释如何持续做出这些决策。有关单个项目筛选和终止决策的研究几乎不讲如何对新产品开发投资组合整体提供有效的决策。两个小规模实证研究得出的一般结论只是表明，战略重心在选择项目组合时至关重要，并且存在最佳创新水平（可能因行业而异）。尽管库珀等人（1999, 2000, 2001a, 2001b）的研究旨在揭示哪些投资组合管理方法能让投资组合的业绩更好，但是他们的研究得出的结论跟刚开始预想的不同。他们的研究并没有找到评估投资组合的"最佳方法"，而是提出了一些相关的做法，这些做法对于如何建立各种评估方法和标准、在决策中应用以及在文化上得到管理层的支持非常重要。产品开发与管理协会的研究（Barczak et al., 2009）还表明，尽管最好的公司跟其他公司采用的方法存在显著差异，但是两组之间的差异并不大，再次表明重要的不是评估中采用的某种特定方法，而是其他辅助性的流程、文化因素和能力。由于库珀等人（1999, 2000, 2001a, 2001b）刚开始关注的是评估方法，他们提出的一些能力似乎对有效管理新产品开发投资组合十分重要。但是，他们的研究不大可能完全发现与有效的新产品开发投资组合决策有关的基本文化和决策过程的所有问题。纵观所有已发表的文献，在理解什么是企业有效的整体新产品开发投资组合决策方面仍然存在很大差距。

研究问题

本研究的主要目的是更加全面地确定公司是如何做出新产品开发投资组合管理决策的：即他们长久以来在不同项目中进行的项目筛选和终止决策；需要哪些投入才能做出投资组合决策；他们有效且高效地做出这些决策时碰到了哪些文化和程序上的挑战，为何会出现这些挑战。我们的目标，是为这个重要而广泛的、现象驱动的研究问题创建理论（Eisenhardt and Graebner, 2007），克服先前研究中常见的分散性。确定了投资组合决策有效性的一系列决定因素后，我们开发了一个综合模型，能作为未来（实证）研究的理论框架。

方　法

研究策略

由于投资组合管理相当复杂，多案例研究是最适合本研究的方法：背景情况很重要，现象和背景之间的界线并不十分明确，研究需要多样证据来源（Yin, 2003）。包含来自不同行业背景、地理位置和技术定位的多个案例，能增强研究的表面效度和提高概念模型的可推广性（Yin, 2003）。

样　本

我们的分析单位是大公司的战略经营部门或作为单个战略经营部门运作的中等公司。为了增强可推广性，我们有目的地根据投资组合管理能力的质量、地理位置和行业这几个维度挑选样本。由于我们需要获取高度机密的信息，我们认为，这些机构在样本中没有竞争对手时才更愿意加入。

根据一份咨询报告显示，从投资组合管理经验时长来看，最成熟的两个行业是金融业和制药业/医疗业（Kalypso, 2007）。最不成熟的行业是包装消费品业。这些发现为本研究选择行业提供了指导。接下来，我们用两份创新标杆研究报告来鉴定被视为"高影响力全球创新者"的公司，也就是成功的创新流程管理者（Jaruzelski et al., 2006; Jaruzelski and Dehoff, 2007）。团队联系了欧洲的一家金融业高影响力创新者，并将美国的一家医疗器械公司作为备选研究地点。两家公司都同意参与研究。我们还找了两家快速消费品公司（同样是一家来自美国，一家来自欧洲）作为投资组合管理最不成熟的案例。两家公司来自包装食品行业的不同职能部门，都曾参加过美国和欧洲学术机构的其他研究并同意参加这个新项目。我们跟所有参与本次研究的公司都签订了保密协议。表 A.2.1 概述了案例样本。

表 A.2.1　案例样本

行业	地理位置	规模	技术定位
包装消费品	美国	中等公司	低端技术
医疗器械	美国	大公司	高端技术
金融业	欧洲	大公司	低端技术
包装消费品	欧洲	大公司	中等技术

数据收集：多方法路径

在每个案例中，我们都采用了三种方法来收集数据：公司文件、半结构式访谈和投资组合决策会议观察。在案例研究中采用多种方法，有利于理解复杂现象，增强数据和理论的三角定位（Cassell and Symon, 2004; Eisenhardt, 1989; Yin, 2003）。如图 A.2.1 所示，我们在案例研究中反复使用了文件、访谈和观察会议这三种方法。在收集数据时反复采用这些方法，能加强数据的深度和质量（Yin, 2003）。

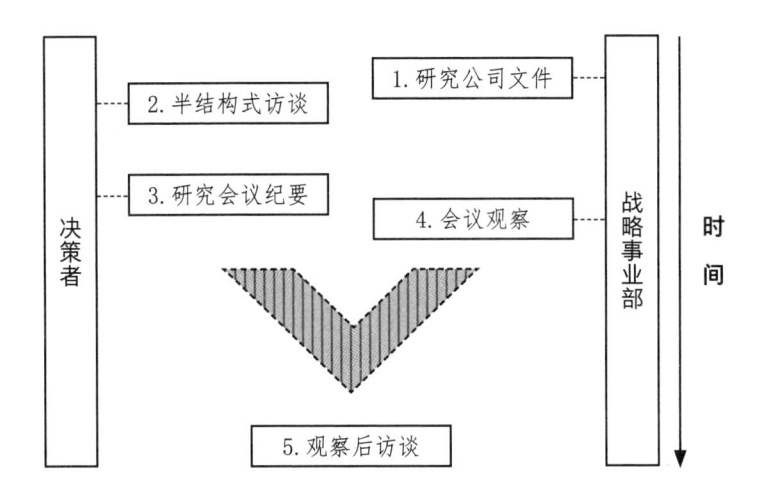

图 A.2.1　数据收集结构

数据收集最终得到了 1750 页的公司文件，75 个半结构式访谈（1598 分钟录制材料）和总时长达到 49 小时的 13 份会议观察（会议时长为 2～8 小时）。表 A.2.2 展示了从每个公司收集到的数据。

表 A.2.2　收集到的数据

行业	公司规模	访谈数量	会议数量
美国			
包装消费品	中等	13	5
医疗器械	大	23	2

· 193 ·

续　表

行业	公司规模	访谈数量	会议数量
欧洲			
金融业	大	13	1
包装消费品	大	26	5

分析公司文件。文件有助于了解投资组合管理决策的正式流程，熟悉公司特有的行话、文化、组织结构和战略愿景。研究会议纪要有助于为参加后来的会议做准备。我们研究了以下八种类型的文件：

- 组织结构图
- 战略流程档案
- 新产品开发流程档案
- 投资组合管理档案（投资组合数据库管理系统文件、图表、Excel 电子数据表）
- 董事会报告
- 内部标杆报告
- 年报
- 投资组合会议纪要

半结构式访谈。采访各个行业的高级经理，能深入了解他们对组织内部正式和非正式投资组合决策过程的不同看法。我们鼓励受访者对公司的投资组合决策方法公开发表自己的看法。克韦尔（Kvale, 1996）及格里芬和豪泽（Griffin and Hauser, 1993）的研究为我们决定访谈数量提供了重要的指导。前者认为，定性研究中的访谈数量普遍为 15±10，后者认为 20 次访谈理论上能获取 91% 的信息。表 A.2.2 展示了每个案例中的访谈次数。

访谈提纲有助于组织访谈，并确保涵盖所有感兴趣的话题。访谈提纲的主要主题包括以下三方面：

- 组织背景和流程（如治理方面、正式和非正式流程、文化）。
- 投资组合决策中的不确定性和复杂性（公司的投资组合决策有哪些复杂情况，公司是如何处理这些情况的）。
- 投资组合决策中的个人（公司中的个人是如何做出决策的，他们需要哪些决策输入，他们是如何被激励的）。

在每次访谈之前，我们都会告知受访者研究的目的，并保证为其匿名。所有访谈持续时长大约为一个小时，都有录像。

会议观察。投资组合审查的会议观察让我们了解到在特定的组织背景下，投资组合决定是如何做出的（而不是通过看记录的过程显示决定将如何做出，或者听人们说决定是如何做出的）。它还为我们提供了一个机会，观察决策者在实际的投资组合决策中是如何互动的。可能的情况下，我们都对会议进行了录像。但是，考虑到讨论的信息的敏感性，并不是每次会议都允许录像。在这种情况下，我们记下了大量笔记。

数据分析

每次访谈和所有野外记录都被转录，从而可以采用斯特劳斯和科尔宾（Strauss and Corbin, 1990）所谓的详细的编码程序。我们对访谈进行了编码，并由至少两位作者交叉检验，确保编码的一致性和可靠性。根据扎根理论方法，我们在不同的分析水平上采用了不同水平的公开编码。

首先，我们用描述的方式进行了详细的编码，在描述性标签下总结文本。在第一个案例的最初三个访谈中，我们得到了大约500个描述性编码。这些描述性编码接着被分成数量更小的第二级编码。它们更多的是解释性的，反映了新出现的主题。在这个案例中，每隔两次访谈就重复一遍这个过程。对第一个案例的分析产生了一个主题的总纲，每个主题下都有详细的代码来解释和说明相关内容。公司文件、会议和观察被用来证实和进一步解释主题，提供额外的洞察。

其他案例的编码过程以之前制定的编码手册为起点，为新出现的主题或补充现有的主题进行额外的一级编码和二级编码。在每个案例的结尾处，编码手册的深度和结构进一步增强，能更清晰地看到观点和主题在概念上是如何相互联系的。在整个密集的编码过程中，作者反复思考在案例分析会议上新出现的主题。最后，所有结果都呈递给参与调查的公司的高级管理人员（平均参与人数为10～18人），他们的反馈被用来改进模型。

得出的模型

这部分展示了从数据分析中得出的投资组合决策有效性的一般模型。我们会先解释一般模型的结构（图 A.2.2），然后会详细说明概念的基本定义，并用数据案例（粗体字部分）作为论证。虽然之前的大多数文献都认为投资组合决策是分散的，但是我们认为，需要一种综合的方法来概念化有效的投资组合决策过程的相互关联性。

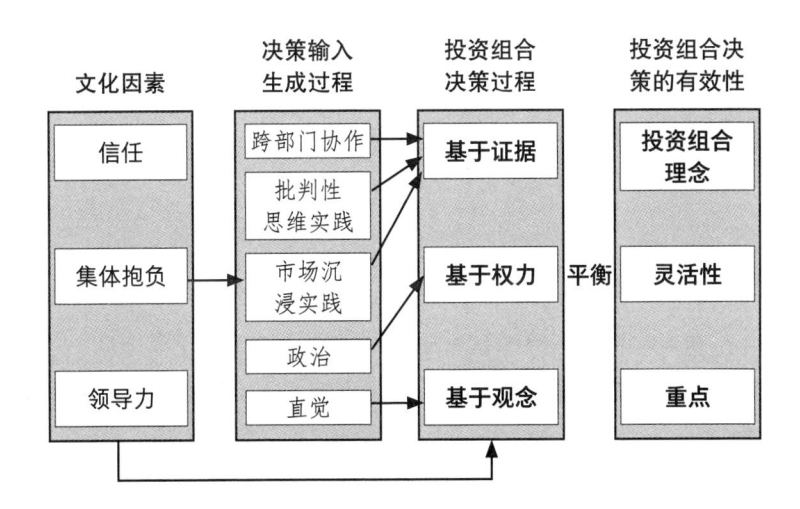

图 A.2.2　投资组合决策一般结构模型

我们从三个维度评估投资组合决策的有效性：决策体系在多大程度上能在公司内部树立投资组合理念，也就是决策者永远能全盘掌握投资组合里的项目以及项目跟公司战略的一致性、决策的灵活性和提供努力的重点。投资组合决策的有效性是通过平衡基于证据、权力和观念的决策过程来实现的。这三个决策过程是由几个不同的决策输入生成过程推动的。跨部门协作、批判性思维和市场沉浸产生了用于循证决策的事实和数据。政治流程会导致基于权力的决策,而直觉能产生基于观念的决策。我们确定了影响决策输入生成过程的三个文化因素:对人们的专业知识和动机的(不)信任的程度和本质;集体抱负的力量,即不同领域和层次的人在多大程度上共享公司的目标和价值观;公司的战略事业部的领导风格到底是独裁还是任人唯贤。我们还发现,这三个文化因素对决策过程(基于证据、权力和观念)有直接影响。

投资组合管理有效性的维度

公司从三个主要维度判断投资组合决策的有效性。真正有效的新产品开发投资组合能同时实现所有三个目标。好的投资组合决策能为公司员工灌输投资组合理念;让公司保持灵活性;让公司将公司的长期战略目标转化为近期的重点项目来实现这些目标。

灌输投资组合理念。 具备投资组合理念意味着公司的决策过程能对投资组合中的所有项目形成全面理解,而且投资组合中的项目都跟公司的战略保持一致。有效的投资组合管理流程能对所有正在考虑的项目、所有正在进行的项目、每个项目目前在新产品开发过程中的位置,以及每个项目预计何时投放市场提供持续性的总览,能让所有管理者判断在新产品开发流程中,是否存在可能会拖慢项目开发进度的瓶颈。**在医疗器械公司，高级管理人能在短期内对项目进行良好的总览，在各个领域（例如原型设计）出现瓶颈时可以迅速干预。但是，他们无法将项目跟长期战略愿景联系起来，这会阻碍开发具有更高影响力的项目，而这些项目是部门长期发展所需的。**具备投资组合理念还意味着开发的每个项目都切合公司的长期战略。**在金融公司，高级管理人会持续关注其投资组合与（长期）战略愿景之间的关系，而中层管理人员则对单个项目如何与详细的市场需求相联系有一个总体认识。透明的自上而下和自下而上的沟通系统有助于在业务部门的各个层面上构建投资组合理念。**

决策的灵活性。实施有效的投资组合决策的公司必须保持灵活性。他们在需要时可以迅速做出决策。例如，如果发明了某项重要技术可以改进某个市场问题的解决方案，或者某个竞争对手意外地改变了方向，那么他们的决策过程就能让他们主动抓住这些机会，而不是采取被动方式。**这家美国食品公司决策过程精简，再加上内部的试验和生产设备，能让他们在很短的时间内执行决策。该公司虽然缺乏清晰的战略愿景，但是能够迅速将新的创新投入市场，公司的灵活性使它比竞争对手更具优势。**

集中精力。好的投资组合管理流程应该让公司的精力集中在那些能实现长期目标的短期行动上。这类行动不会让团队和生产线经理用投机取巧的方式追求创新。**这家欧洲食品公司最初专注于在市场上推出大量创新产品，却没有将创新跟长期战略联系起来。当市场环境发生改变后，竞争更加激烈，产品生命周期更短，法律要求更严格，公司就不得不仔细思考工作重心。在我们**

收集数据时，这家公司正在将整体公司战略重新定义为更加细致的品牌战略，将工作重心转移到投资组合决策上。

决策过程

案例数据显示，通过平衡基于证据、权力的和观念的决策过程，可以提高投资组合决策的有效性。

基于证据的决策。基于证据的决策过程提出并辩论技术、金融和市场事实背后的详细假设，这些假设来自跨部门协作、批判性思维和市场沉浸的过程。医疗器械公司会定期举办跨部门会议，管理层会询问中层干部和项目经理是如何利用证据提出假设并得出结论的。管理层不会接受任何经不起推敲的答案，因此，公司的每一位员工都会竭尽所能地全面理解特定领域的事实，并将以事实为基础建立证据。

基于权力的决策。基于权力的决策过程关注的是政治流程中的权力斗争——个人和小团体的目标凌驾于其他个人、小群体甚至公司的目标之上。在决策过程中占主导地位的是个人或团体的得失，而不是基于证据的论证。决策过程往往是不透明的，因为实际决策往往是在非正式场合而不是正式决策会议上做出的。在我们调查的这家欧洲食品公司里，新员工很难让决策得到批准，因为他们不知道决策游戏是如何运作的。在召开正式的决策会议之前，个人需要知道该与谁接触，需要学习如何在非正式场合推销自己的想法。

基于观念的决策。基于观念的决策过程是对整体主观想法进行评估，而主观想法源自以总体感受和个人经验为基础，而非以事实为基础的直觉。**在我们调查的美国食品公司里，投资组合决策往往是根据 CEO 或者管理委员会在没有事实根据的情况下根据主观看法做出的。讨论主要围绕同意或不同意总体意见的人们展开，直到 CEO 最终做出决定。这有时候会令管理层的其他成员感到沮丧。** 由于各个决策选项中的特定证据没有论据作为基础，基于观念的决策过程很容易冲突。

决策输入生成过程

我们从数据中找到了 5 个决策输入生成过程：跨部门协作、批判性思维实践、市场沉浸实践、政治和直觉的运用。

跨部门协作。 跨部门协作能同时体现出正式和非正式流程。跨部门协作流程的基本前提是拥有广泛的非正式的跨部门通信网络，供不同职能部门的人轻松进入和使用。跨职能部门沟通的关键在于缩短沟通距离；而（有意）让不同的知识领域的人在同一处工作，可以减少不同职能领域的人互相接触的障碍。

不同职能部门的员工被正式召集起来，在需要不同领域的建议和签署的跨职能会议决策程序中提供协作。**比如，金融公司董事会要求对每项决策提供跨部门联合论证，然后由不同职能部门的成员签署。再如，在欧洲食品公司，决策只考虑到营销部门的意见。由于未考虑研发部门的重要意见，营销部门的最初决策经常不得不修订或者停止，进程经常受阻。**

明确的责任分工有助于不同的职能部门发展特定领域的专业

知识，并在正式会议上进行交流，以达成让所有职能部门支持的统一的决策依据。我们采用了基于团队的或者产品组的激励措施，鼓励员工寻求彼此的专业知识和建议，共同实现预期结果。

跨部门协作有助于理解每个部门生成的作为证据的数字背后不同的基本假设（解释），在做决策时能考虑到多个角度和共同经验。多个角度和共同经验有助于形成对技术数据、金融数据和市场数据以及每种数据类型的含义的共同认识，从而对循证决策起到积极的促进作用。

批判性思维实践。批判性思维能为基于证据的决策提供依据。事实证据能引导深入讨论，讨论重心在于数据背后的意义是什么，如何用它来理解当前的问题和风险。创意式问题解决能力对于批判性思维过程至关重要，很受高层管理者的青睐，他们会问关键问题，要求对提出的每项决策提供基于证据的论证。这些关键问题往往会在正式会议的文件中提出，但偶尔也会在非正式场合提出。可以通过正式启动上市后评议（Post Launch Review，PLR）和客户投诉评估来进一步加强批判性思维的做法。公司鼓励员工分析失败的原因，吸取教训，了解如何帮助他们改进未来的决策。**在我们调查的欧洲食品公司里，常规做法是，在未经讨论的情况下想当然地接受某个职能部门提供的"事实"。如果事实背后的依据出现错误，那么决策也不会是经过深思熟虑后做出的。**

批判性思维要求人们理解决策背后的技术和财务风险，形成对技术信息和潜在决策的财务影响进行量化表达的分析知识。例如，批判性思维过程能估算出投资回报和不同的技术途径下技术成功的概率。这些过程甚至能提供这些数值的风险调整估计数和这些估计数的基于情景的范围。批判性思维产生的分析知识有助于做出基于证据的决策。

市场沉浸实践。公司采用市场沉浸实践参与积极的和被动的市场调研活动，了解客户和其他利益攸关方，确定他们的（潜在）需求。可以采用各种各样的活动理解客户和客户环境。**我们调查的医疗器械公司根据主要调查的问题仔细筛选了合适的市场调研方法：它采用大规模问卷调查来确定总体趋势或问题的重要性，用焦点小组和访谈来洞察客户需求。但最重要的是，这家公司高度重视跨部门实地观察，并让战略事业部所有领域和所有级别的人员参与到定期的实地考察中，以了解客户，获得使用环境和其他相关利益者的完整信息。**

市场沉浸实践是指员工积极参与市场调研，跟客户进行个体接触，以全面理解目标群体。各个职能部门（不仅仅是营销部门）全面分析市场调研报告，为了避免表意模糊，还会用其他来源的研究作为补充。市场沉浸实践中主动的一面是指找到能用补充投资组合的新产品解决的问题或需求。市场沉浸实践中被动的一面是指检验概念。市场沉浸实践应该植根于组织当中，在没有市场输入的情况下不应该做出决定。**我们调查的医疗器械公司有内部市场调研机构，不仅能以低成本频繁地进行研究，还能跨部门参与研究项目，为团队所有成员提供第一手客户需求信息。**

市场沉浸实践能为个体目标客户和综合市场提供全面理解。个体目标客户知识包括详细理解客户需求、每项需求的重要性、客户愿意在不同需求或不同功能的解决方案之间做出的权衡。综合市场知识包括关于市场规模、潜力、增长率、竞争者、竞争者份额和价格点等有助于循证决策的一般趋势和信息。

政治。政治是一种用于产生影响、说服和谈判的非正式方法，人们用它来获得个人对决策的支持。这些方法可能没有事实依据，而是由个人兴趣或个人/团体的动机驱动的。政治操控的典型结果是，在金融方法中操控数字做出投资组合决策，建立社交关系以获取支持和达成共识。循证决策架构不清晰或者决策机构地点不明确的话，可能会使得政治和社交关系的建立只会影响决策效果，而不能分享经验和合作。**例如，在我们调查的欧洲食品公司里，中层管理人员如果不对高管进行单独的政治劝说，就无法让决策得到批准。**

高度集中的决策架构可能会让人无法根据事实来论证自己的想法，迫使他们利用政治影响策略从下往上非正式地推销自己的想法。分散战略事业部的决策过程能提升决策透明度，减少流程中的政治因素。我们调查的这家金融服务公司根据决策的货币影响分散了其投资组合决策。决策的影响越小，需要的事实就越少，决策在组织中的地位就越低。这个系统为中层和高层管理人员提供了透明度。

政治方法的采用通常会导致个人或小团体在决策中的权力不平等，一些人或团体能通过非正式的影响、说服和协商掌控决策。个人或小团体用政治手段获得的权力可能会对决策质量构成威胁，因为人们不再关注决策的客观理由，而是关注可能跟实际决策的事实和风险完全无关的个人层面。**我们调查的欧洲食品公司具有强大的共识驱动文化，不鼓励人们进行批判性思考。在正**

式会议中，尽管参会人员有专业领域的证据表明一些决策成功的概率很低，但他们不敢提出反对意见。这会鼓励政治操控影响正式会议以外的决策。另外，营销部门具有决策主导权，导致公司内部缺乏跨部门批判思维，进一步强化了政治因素。

权力争斗也会对组织的跨部门合作产生负面影响。我们调查的医疗器械公司此前在跨部门批判性思维和循证决策中的表现一直很好，但是管理委员会中的冲突即将危害这种客观的决策类型。公司副总裁试图通过政治手腕让自己的职能部门控制要开展的项目，不过幸亏这一计划失败了，部门才又回到更加强调协作的循证决策过程。有数据表明，通过政治操纵获得的决策输入会促成基于权力的决策。

直觉。 直觉是根据过去的经历和感受形成观点的输入生成过程。直觉可能有助于人们对某个情形形成最初看法，但是几乎无法提供客观论证的依据。因此，如果在决策流程中不采用证据，就可能导致主观决策。具体措施或证据要求的缺失，可能会助长直觉型决策。例如，在我们调查的美国食品公司里，管理层主要根据"我——营销"做决策，依赖主观感受和经验，而不是寻找基于证据的市场输入。不幸的是，因为这些管理人员很少属于目标群体，所以他们根据自身喜好做出的决策在大多数情况下无法形成新的产品线。在我们调查的金融公司里，人们也严重依赖过去的经验和感受评估新机遇，形成初步看法。但是，初步看法接着要经过其他部门的员工的检验，用数据作为支撑，为进一步论证寻找依据。

直觉可以形成主观决策输入。这些主观决策输入通常得不到论据支持，因为来自经验的感受和结论经不起推敲，只能当作逸事来看待。直觉决策输入背后的依据要么完全不存在，要么被"战略意义"这样的一般表述所掩盖。这些是所谓的"必做"项目，高层管理人员并未给中层管理人员足够的决策依据，说明这些项目"为什么"必须做。**在我们调查的欧洲食品公司里，高层管理人员经常告诉中层管理人员，要开展"具有战略意义"的项目，即使中层管理人员已经根据其他基于证据的输入建议取消这些项目。**总而言之，由直觉产生的主观决策输入能促进基于证据的决策。

影响投资组合决策的文化因素

三个常见的文化因素会影响决策过程：公司员工之间（不）信任的程度和性质，集体抱负的高低，领导风格（专制还是精英管理）。这些文化因素影响了决策输入生成过程和公司在投资组合决策中对基于证据、权力和观念的过程的依赖程度。换句话说，文化因素对投资组合决策的影响部分是通过决策输入生成过程传导的。

信任。信任是指人们对从其他职能部门得到的基于证据的输入的基本假设感到舒适的程度。人与人之间的信任程度会影响跨职能合作的质量、批判性思维的实践和决策输入过程中的政治方法，从而影响决了策过程之间的平衡（图 A.2.3）。

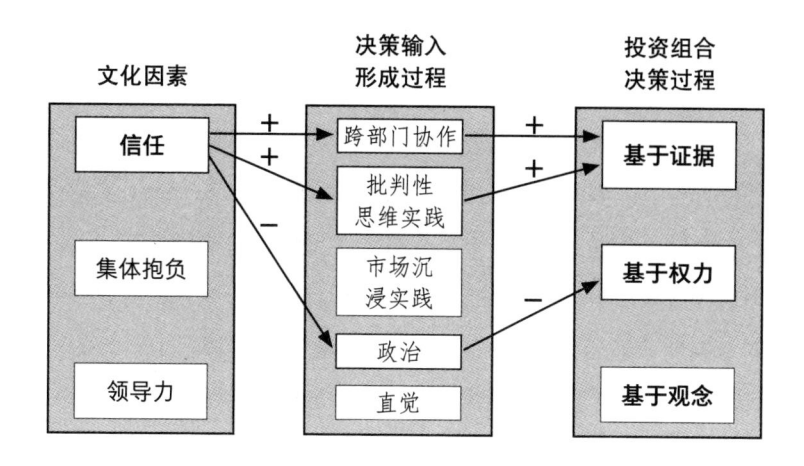

图 A.2.3 信任与投资组合决策的间接关系

如果人们在形成基于证据的输入时不信任彼此的动机或专业知识，那么跨部门协作的质量就会降低。我们调查的欧洲食品公司就是鲜明的例子。公司员工彼此不信任对方的专长，阻碍了他们在形成决策输入时进行不同部门的协作。即便跨部门协作已经是明文规定，营销部门还是故意不让其他部门干涉新产品理念的筛选。其他部门（研发部和运营部）对营销产生怀疑，不信任营销部门理念背后的动机，批评发起的新产品开发项目中缺乏跨部门专业知识。我们可以从金融公司和医疗器械公司中看出来，不同部门员工之间的信任可以积极改善跨部门合作的质量。在这两家公司里，员工尊重和重视其他部门同行的专业知识，在正式会议内外部建立了广泛的跨部门协作。这些公司的员工认为，如果他们不相互信任的话，就无法成功地协作。

如果人们对其他部门基于证据的输入的基本假设感到不适的

话，就可能阻碍批判性思维。人们需要信任决策输入背后的专业知识和动机，这样才能从（彼此的）错误中学习，提出重要问题，激励彼此解决手头（复杂的）问题。怀疑越深，人们就越会遵循自己的议程，偏离解决问题的重点。

根据不信任的性质，缺乏信任会改变决策过程的平衡。如果不信任涉及的是信任彼此的跨部门专业知识，那么人们就更有可能忽视明确表达的事实，将平衡转向基于权力和基于观念的决策。**我们调查的欧洲食品公司采用了投资组合数据库管理系统，每个项目都有记分卡，从而做出更明智、更客观的投资组合决策。但是，结果表明，人们不信任项目分数，因为他们不信任同事客观地填写了分数，不信任同事具备的商业知识。**如果不信任关乎基于证据的决策输入的基本假设的动机，那么这就可能会引起政治行为，将平衡转向基于权力的决策。

集体抱负。集体抱负是指不同部门和级别的人在多大程度上享有共同的公司目标和策略。通过影响跨部门协作、市场沉浸实践和政治决策输入形成过程，集体抱负影响投资组合决策（图A.2.4）。

集体抱负能推动跨部门协作，因为不同部门的人通过采取一致策略协作实现公司共同目标。集体抱负通过降低政治动机和创造共同优先事项，能提升跨部门协作的质量。**我们调查的这家金融公司强烈的集体抱负帮助它解决并避免了跨部门冲突，因为它知道每个人都达成共识，为公司的利益着想。如果的确出现了冲突，公司可以通过为问题的不同方面提供基于证据的论证来轻松解决。**

医疗器械公司提供的证据显示，集体抱负还有助于市场沉浸实践。**在医疗器械公司内部，不同部门的员工积极参与市场沉浸实践，因为他们认为，跨部门深入了解客户有助于实现公司目标。**

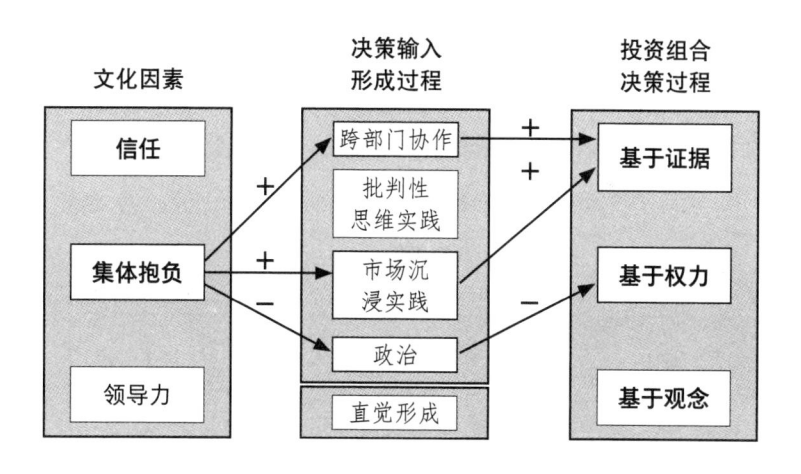

图 A.2.4　集体抱负与投资组合决策的间接关系

不同部门的员工在多大程度上树立相同的公司目标，采取相同的策略，直接影响到决策过程的平衡朝着基于证据、观念和权力的决策方向发展。集体抱负越强烈，员工在决策过程中越乐意相信彼此的主观看法，因为他们知道每个人都在为共同的事业奋斗，不同团体的政治斗争很少有生存空间。缺乏集体抱负会导致个人或团体目标的出现，还会引起政治行为。管理层的目标不一致可能会引起严重冲突，并使平衡转向基于权力的决策。**我们调查的医疗器械公司即将体会到这样的重心转移带来的影响，因为**

新上任的营销副总裁似乎跟其他高管有着不同的目标。这种错位在管理层成员当中更引起了混乱和沮丧，他们担心精心创建的企业文化可能会受到冲突的影响，从而采用政治操纵来确保自己工作方式的持续性。

领导力。公司的领导风格通过影响批判性思维、跨部门协作和政治决策输入形成过程来影响投资组合决策。领导风格是以功绩为基础还是以专制为基础，也间接影响了决策过程的平衡走向证据、观念或以权力为基础的决策程度（图 A.2.5）。

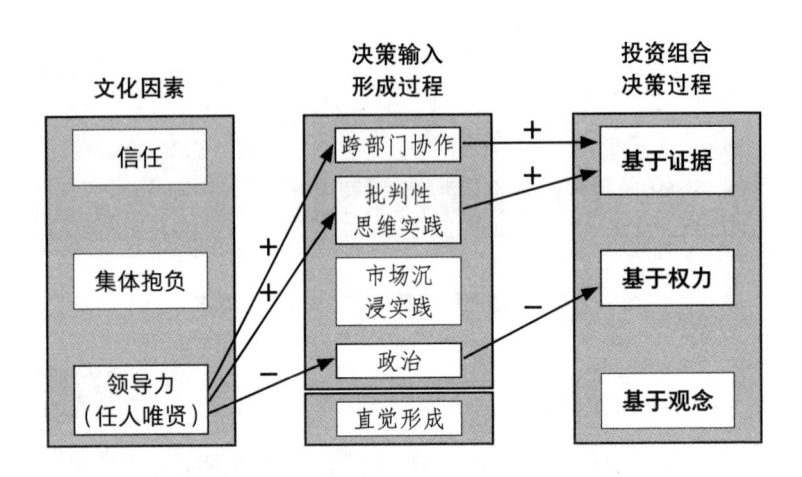

图 A.2.5 领导风格与投资组合决策的间接关系

任人唯贤的领导认为，最佳决策是那些包含跨部门经验和专业知识、受到完整论据支持的决策。再者，论功行赏的领导会认为，他们在决策过程中必须做好表率，保证透明，防止出现政治操控。

专制领导风格的人不大可能会推动批判性思维和跨部门协作。但是，这取决于领导的个人特点。**我们调查的医疗器械公司的前总裁被很多人视为独裁者和有远见卓识的人，在制定战略和（长期）投资组合决策，对下属提供的每条信息进行批判性论证时，具有非凡的远见。他还负责开展广泛的市场调研活动，在公司各个部门和层级实现市场沉浸实践。即使这名前总裁的领导风格十分专制，他的远见卓识和深远的洞察力还是让他意识到批判性思维、跨部门合作和市场沉浸实践对制定成功的投资组合有多么重要。**

在专制领导风格下，一个人和几个人拥有决策主导权，很有可能使决策平衡转向基于权力和观念的决策。在专制背景下，决策者在做决策时不会向公司其他部门或级别更低的同事提供全面的论证。**在我们调查的美国食品公司里，大多数决策是CEO在听取管理层的意见后做出的。由于这名CEO主要靠直觉和自身经验做决策，决策的平衡转向基于观念和权力的决策。**

但是，任人唯贤的领导风格通过设定正式要求和为制定客观决策树立典范获取基于证据的决策输入。英才管理可以在整个公司推动批判性思维，让重心向基于证据的决策倾斜。**我们调查的医疗器械公司通过定期的跨部门会议来培养批判性思维，以获得事实背后的论证，通过正式文件要求获得基于证据的知识及其论证，并不断警惕政治操纵。项目根据优缺点向前推进。**

从我们的案例中，我们发现，企业文化会影响基于证据生成决策，但影响力比不上组织中的政治或者个人的直觉。

讨 论

虽然有关投资组合管理的大多数研究聚焦于新产品开发投资组合决策的单一方面，但本研究是从整体研究投资组合决策的效率。我们发现，决策的"方法"十分复杂。跟之前的研究相比，本研究更加恰当而完整地确定了一些相关概念来描述投资组合管理的系统性，得到了一个整体投资组合决策效率模型和相关影响因素。投资组合实践的结果变量和质量指标（如投资组合决策的有效性）有三个主要维度：

- 投资组合思维的程度：公司对投资组合中的项目及其与战略的一致性保持持续总览的努力程度。
- 投资组合决策的灵活性：公司迅速做出投资组合决策、灵活实施决策的能力。
- 集中精力：公司的精力在多大程度上聚焦于旨在实现长期战略目标的短期行动。

投资组合决策模型指出，其有效性取决于基于证据、权力和观念的决策之间的适当平衡。五个不同的决策输入生成过程为这三个决策过程产生输入。缺乏基于证据的决策输入生成过程（跨部门合作、批判性思维和市场沉浸）会为观点和政治权力创建空间，影响决策。

三个决策过程之间的平衡也受到组织里三个文化要素的影响（信任、集体抱负和领导风格）。信任为批判性思维和跨部门协作奠定了基础，也许还能减少职场政治。这反过来将提高基于证据而非权力的决策的可能性。集体抱负也能培养跨部门协作和市场沉浸实践，有助于聚焦证据而非权力。任人唯贤的领导方式通过支持跨部门协作和批判性思考，减少政治手段的运用，能起到相似的效果。

理论影响

投资组合决策有效性总体模型中的一些概念显示出与营销、新产品开发和投资组合管理文献中现有概念的联系、补充或扩展。因此，我们可以通过不同的理论视角来推动对这一领域的理解。

投资组合管理有效性的维度跟库珀等人（1999，2000，2001a，2001b）定义的一些投资管理目标（价值最大化、战略一致性和平衡性）有相似性。投资组合决策有效性"集中精力"这个维度强调的是有助于公司实现长期战略目标的短期行动，跟实现平衡和战略一致性相关。此外，公司只有形成投资组合思维才能实现战略一致性，意思是员工要全面理解投资组合中的所有项目，以及每个项目在个体方面和组合起来的整体方面是如何跟战略保持一致的。实现投资组合平衡也需要投资组合思维。我们在库珀的投资组合管理目标基础上增加了投资组合决策有效性维度"灵活性"，它涉及在充满不确定性的世界里对创新做出决策的动态方面。

有趣的是，这些公司并不认为投资组合最大化是拥有有效投资组合决策过程的明确目标。这跟之前的实证研究结果一致，表明在评估投资组合时注重财务方法的公司的业绩比其他公司差。比起对每个项目采取明确的财务措施，更重要的是把一组项目当作一个投资组合，能够在短期内专注于正确的项目，并在环境发生变化时保持灵活。

在营销文献中，无数研究表明不同领域跨部门协作的重要性，关注研发与营销的交叉领域（Griffin and Hauser 1996; Song et al., 1996; De Luca and Atuahene-Gima, 2007）。但是，要想达到投资组合决策有效性所需的跨部门协作水平，需要集中公司所有主要部门人员的力量（运营部、销售部、财务部、营销部、研发部），为投资组合决策生成决策输入。为了实现有效的投资组合管理，跨部门协作需要体现在组织的方方面面。公司除了定期召开正式的跨部门会议之外，还会利用同地办公、召开临时非正式会议、沟通网络和正式文件要求来增强跨部门协作。

批判性思维是指要理解决策的财务和技术风险，通过提问题（相互挑战）、正式的文件要求、积极模拟学习和改进（评估发布后评议）提供基于证据的论据。更宽泛地讲，批判性思维展示了跟学习定位的关系。学习定位是指整个组织范围内创造和使用知识增强竞争优势的活动（Calantone et al., 2002）。在我们调查的公司里同样发现了跟学习定位相关的方面，包括学习承诺、开明、共同愿景和组织内知识分享（Baker and Sinkula, 1999; Calantone et al., 2002）。学习组织的这些方面体现在制定有效的投资组合决策时的市场沉浸实践、跨部门协作和集体抱负实践中。

在创造成功的产品方面，市场导向的重要性已经被证明，它有一套处理传播市场情报的行为和过程，目的是创造卓越的客户价值（Kohli and Jaworski, 1990; Lukas and Ferrell, 2000）。但是，市场沉浸实践不仅仅是指具备市场导向。市场沉浸实践要求所有主要部门的员工全面理解客户和其他利益相关方。要想形成这种理解，就需要所有部门积极参与市场调研活动。在调研活动中，通过对话和观察直接跟客户联系至关重要。

从理论角度而言，最重要的是，我们的调查结果表明，需要用系统性视角理解投资组合管理。将投资组合决策当作分散的决策是机械主义视角，将相关整体分成简单的部分然后分别进行研究（Phillips, 1972）。但是，系统观点认为，整体大于部分之和，不能只用部分的性质来理解整体（Checkland, 1999）。因此，系统的性质来自部分的交叉界面：改变某个要素会影响整个系统（Kast and Rosenzweig, 1972）。我们的模型显示，文化因素会从多方面影响决策输入和决策过程，而这些过程的适当性只能通过相互之间的关系来确定。因此，系统性视角不但对投资组合管理时间至关重要，而且对那些旨在研究和模拟系统性视角的学术界也很重要。

总之，本研究从3个方面对新产品开发和投资组合管理的文献做出了贡献。第一，我们确定了投资组合决策有效性的三个维度。第二，我们系统地概述了实现投资组合决策有效性时涉及的过程和文化因素。第三，我们拓展并融合了文献中的不同概念，展示了它们是如何跟投资组合决策系统产生关联的。有关投资组合决策的研究应当采取多个理论视角来研究过程，而不是采取以往研究中常用的单一视角。

管理启示

投资组合决策是指根据公司的战略愿景,决定应该开发哪些项目、终止哪些开发项目、删除哪些开发项目。做出这些决定时还必须总体把握公司的产品,减轻创新中的风险,迅速而恰当地应对动态市场环境中的机会和威胁。管理人员往往要处理大量新产品开发项目和市场上更多的产品,使投资组合决策变得更加复杂。

我们这里展示的投资组合决策有效性研究提供了一个诊断公司优势和劣势的框架,能帮助管理人员做出更好的投资组合决策。确定公司占主导地位的决策输入形成过程,能帮助管理人员在投资组合决策过程中保持平衡。例如,在投资组合决策中过度依赖主观看法,缺乏生成更多基于证据的输入的机制,再加上专制领导风格,几乎无疑会导致有问题的、不恰当的投资组合决策。通过采取市场沉浸实践、鼓励跨部门协作、刺激批判性思维实践,公司可以将投资组合决策过程朝基于证据的决策方向倾斜,同时形成投资组合思维,提高投资组合决策的有效性,也许还能取得长期的商业成功。我们确定的直接和间接关系能说明可以使用哪些方法来实现投资组合管理的有效性。高层管理者的作用是意识到公司的文化以及他们自己对决策基于证据、主观意见或权力的程度的贡献。

局限性和未来研究

说到理论发展,系统理论为未来调查投资组合决策提供了一种有希望的方法。系统理论将投资组合管理概念化为一种公开系统，让旨在实现投资组合决策有效性的过程相互影响。应该进一步从系统角度探索总体模型里的概念和概念之间的关系，详细了解管理人员、高层管理者和项目成员会如何影响系统的不同方面来实现投资组合决策的有效性。具体而言，研究应该进一步调查不同概念之间的关系，确定影响决策过程平衡的其他潜在决定因素和调节因素，以及这些因素对投资组合决策有效性的影响。基于这项案例研究得出的理论概念需要被操作为调查的可观察指标，这样就能在更大的样本中检测之前提出的关系。最后，令实践者尤其感兴趣的是，确定管理者可以通过哪些机制来改变投资组合决策系统的具体部分，以提高其投资组合决策的有效性。

我们的研究虽然为投资组合管理研究开辟了一个新方向，但是也有局限性。我们确定的模型和关系是基于案例研究，也就是说，它为建立理论提供了良好基础，但是无法检验因果关系。尽管我们的案例样本经过了精心挑选和平衡，但是我们的调查结果只涉及四家公司。每个案例都在某种程度上结合了文化因素和决策过程，不可能将它们的影响跟这四个案例分开。其中一些研究结果也许能推广到其他行业和公司里去，但目前还无法确定。尽管我们已经采用了一系列数据收集方法，但是研究主要依靠的还是第一作者的实际工作。整个团队持续讨论和交叉分析了数据和数据解释，数据收集过程有可能部分受到了主观看法的影响。因此，最好由其他研究者采用其他案例进一步证实和确认该模型。

部分参考文献

Aguinis, H. and A. M. Solarino. (2019), 'Transparency and replicability in qualitative research: The case of interviews with elite informants', *Strategic Management Journal,* 40(8), 1291–1315.

Beverland, M. and A. Lindgreen. (2010), 'What makes a good case study? A Positivist review of qualitative case research published in Industrial Marketing Management, 1971–2006', *Industrial Marketing Management,* 39(1), 56–63.

Charmaz, K. (2006), *Constructing Grounded Theory: A Practical Guide through Qualitative Analysis.* London, UK: Sage Publications Ltd.

Easterby-Smith, M., K. Golden-Biddle, and K. Locke. (2008), 'Working with pluralism: Determining quality in qualitative research', *Organizational Research Methods,* 11(3), 409–429.

Gibbert, M. and W. Ruigrok. (2010), 'The "what" and "how" of case study rigor: Three strategies based on published work', *Organizational Research Methods,* 13(4), 710–737.

Gibbert, M., W. Ruigrok, and B. Wicki. (2008), 'What passes as a rigorous case study?', *Strategic Management Journal,* 29, 1465–1474.

Gioia, D. A., K. G. Corley, and A. Hamilton. (2013), 'Seeking qualitative rigor in inductive methods', *Organizational Research Methods,* 16(1), 15–31.

Goffin, K., P. Åhlström, M. Bianchi, and A. Richtnér. (2019),

'Perspective: State-of-the-Art: The quality of case study research in innovation management', *Journal of Product Innovation Management*, 36(5), 586–615.

Miles, M. B., A. M. Huberman, and J. Saldana. (2014), *Qualitative Data Analysis: A Methods Sourcebook* (3rd ed.). Thousand Oaks, CA: Sage. Piekkari, R., E.

Plakoyiannaki, and C. Welch. (2010), '"Good" case research in industrial marketing: Insights from research practice', *Industrial Marketing Management*, 39(1), 109–117.

Pratt, M. G. (2008), 'Fitting oval pegs into round holes: Tensions in evaluating and publishing qualitative research in top-tier North American journals', *Organizational Research Methods,* 11, 481–509.

Pratt, M. G. (2009), 'For the lack of a boilerplate: Tips on writing up (and reviewing) qualitative research', *Academy of Management Journal,* 52(5), 856–862.

致　谢

我们要感谢所有为我们的期刊投稿提供周到的、有建设性的重要评议的同行评议人。我们从这些评议中受益匪浅，如果没有他们，我们的论文就无法顺利发表。

我们还要感谢在我们担任《产品创新管理期刊》(*Journal of Product Innovation Management*)主编和副主编期间，那些抽出宝贵的时间和精力为期刊提供同行评议的研究者。他们的投入与奉献推动了期刊和创新管理领域的进步。

我们要感谢所有注册参加我们的同行评议工作坊、邀请我们到大学或会议上开办工作坊、支持我们改进同行评议流程工作的同行。

阿比非常感谢托马斯·P. 赫斯塔德（Thomas P. Hustad）教授。托马斯教授在任期刊编辑期间，让阿比在职业生涯的早期就参与了同行评议，让她对同行评议及创造高质量评议的重要性，以及自己撰写高质量评议的能力深信不疑。

参考文献

Allen, H., E. Boxer, and A. Cury. (2018), 'What does better peer review look like? Definitions, essential areas, and recommendations for better practice', *Open Science Framework*, accessed on 6 December 2019 at https://doi.org/10 .31219/osf.io/4mfk2.

Allen, H., A. Cury, T. Gaston, C. Graf, H. Wakley, and M. Willis. (2019), 'What does better peer review look like? Underlying principles and recommendations for better practice', *Learned Publishing*, **32**, 163–175.

Amabile, T. M. (1998), 'How to kill creativity', *Harvard Business Review*, **75**(5), 76–88.

American Economic Association (AEA). (2020), 'AER: Information for reviewers', accessed on 13 April 2020 at https://www.aeaweb.org/journals/aer/ reviewers.

Baldwin, M. (2018), 'Scientific autonomy, public accountability, and the rise of "Peer Review" in the cold war United States', *Isis*, **109**(3).

Beall, J. (2020), 'Beall's list of potential predatory journals and publishers', accessed on 13 April 2020 at https://beallslist.net/.

Benos, D. J., K. L. Kirk, and J. E. Hall. (2003), 'How to review a paper', *Advances in Physiology Education*, **27**(3), 47–52.

Bettis, R., S. Ethiraj, A. Gambardella, C. Helfat, and W. Mitchell. (2016), 'Creating repeatable cumulative knowledge in strategic management: A call for broad and deep conversations among authors, referees, and editors', *Strategic Management Journal*, **37**, 257–261.

Brezis, E. S. and A. Birukou. (2020), *Scientometrics*, accessed on 2 February 2020 at https://doi.org/10.1007/s11192-020-03348-1.

Candi, M., D. Roberts, T. Marion, and G. Barczak. (2018), 'Social strategy to gain knowledge for innovation', *British Journal of Management*, **29**(4), 731–749.

Center for Open Science. (2018), 'Registered Reports', accessed on 3 April 2020 at https://cos.io/rr/.

Committee on Publication Ethics (COPE). (2019), 'COPE ethical guidelines for peer reviewers', accessed on 6 December 2019 at https://publicationethics .org/resources/guidelines-new/cope-ethical-guidelines-peer-reviewers.

Coste, F. H. P. (1892), *The Organization of Science. An Essay Towards*

Systematization. London: Williams & Norgate. Published under the nom de guerre A Free Lance.

Council of Science Editors (CSE). (2018), 'CSE's White Paper on Promoting Integrity in Scientific Journal Publications', accessed on 6 December 2019 at https://www.councilscienceeditors.org/resource-library/editorial-policies/white-paper-on-publication-ethics/.

Csiszar, A. (2016), 'Peer review: Troubled from the start', *Nature*, accessed on 6 April 2020 at www.nature.com/news/peer-review-troubled-from-the-start-1.19763.

Elsevier. (2015), 'Peer review: The nuts and bolts', accessed on 3 December 2019 at https://www.elsevier.com/authors-update/story/peer-review/peer-review-nuts-and-bolts.

Elsevier. (2019a), 'Editors share their top reviewing tips', accessed on 3 December 2019 at https://www.elsevier.com/reviewers-update/story/tutorials-and-resources/elsevier-editors-share-their-top-reviewing-tips-part-1.

Elsevier. (2019b), 'Elsevier quick guide: How to review manuscripts', accessed on 3 December 2019 at https://researcheracademy.elsevier.com/websites/elsevier_publishingcampus/files/Guides/Quick_guide_how_to_review.pdf.

Elsevier. (2020a), 'Webinar: Why get involved in peer review', accessed on 24 February 2020 at https://researcheracademy.elsevier.com/navigating-peer-review/fundamentals-peer-review/

get-involved-peer-review.

Elsevier. (2020b), 'Elsevier Certified Peer Reviewer Course', accessed February 2020 at https://researcheracademy.elsevier.com/ navigating-peer-review/certified-peer-reviewer-course.

Elsevier. (2020c), 'What is my Elsevier reviews profile on the reviewer recognition platform?', accessed on 30 March 2020 at https:// service.elsevier.com/ app/answers/detail/a_id/28311/supporthub/ publishing/.

Elsevier and Sense About Science. (2019), 'Quality, trust and peer review: Researchers' perspectives 10 years on', accessed on 6 December 2019 at https://senseaboutscience.org/activities/peer-review-survey-2019/.

F1000. (2012), accessed on 30 March 2020 at https://f1000research.com/about.

F1000. (2014), accessed on 26 March 2020 at https://blog.f1000.com/2014/07/08/what-is-post-publication-peer-review/.

Fitzpatrick, K. and A. Santo. (2012), 'Open review: A study of contexts and practices', *The Andrew F. Mellon Foundation White Paper*.

Ford, E. (2013), 'Defining and characterizing open peer review: A review of the literature', *Journal of Scholarly Publishing*, **44**(4), 311–326.

Gioia, D. A., K. G. Corley, and A. L. Hamilton. (2012), 'Seeking qualitative rigor in inductive research: Notes on the Gioia methodology', *Organizational Research Methods*, **16**(1), 15–31.

Glaser, B. G. and A. L. Strauss. (1967), *The Discovery of Grounded Theory: Strategies for Qualitative Research*. New Brunswick, NJ and London: Aldine Transaction.

Goffin, K., P. Åhlström, M. Bianchi, and R. Richtnér. (2019), 'Perspective: State-of-the-Art: The quality of case study research in innovation management', *Journal of Product Innovation Management*, **36**(5), 586–615.

Gosden, H. (2003). 'Why not give us the full story? Functions of referees' comments in peer review of scientific research papers', *Journal of English for Academic Purposes*, **2**, 87–101.

Griffin, A. (2012), 'Qualitative research methods for investigating business-to-business marketing questions', in G. Lilien and R. Grewal (eds), *Handbook of Business-to-Business Marketing*. Northampton, MA, USA and Cheltenham, UK: Edward Elgar Publishing, pp. 659–679.

Griffin, A. and G. Barczak. (2020), 'Effective reviewing for conceptual journal submissions', *AMS Review*, **10**(1), 36–48.

Harnad, S. (1998), 'The invisible hand of peer review', *Nature*, accessed at https://doi.org/10.1038/nature28029 (non-paginated).

Hauser, J. R. (1997), 'The role of mathematical models in the study of product development', in *Proceedings of the 14th Paul D. Converse Awards Conference*. Champaign-Urbana, IL: University of Illinois, pp. 72–90.

Hofstede, G. (2001), *Comparing Values, Behaviors, Institutions and Organizations across Nations*. Thousand Oaks, CA: Sage.

Holbrook, M. B. (1986), 'A note on sadomasochism in the review process: I hate when that happens', *Journal of Marketing*, **50**(3), 104–108.

Horbach, S. P. J. M. and W. Halfmann. (2018), 'The changing forms and expectations of peer review', *Research Integrity and Peer Review*, **3**(8).

Horbach, S. P. J. M and W. Halfmann. (2019), 'Journal peer review and editorial evaluation: Cautious innovator or sleepy giant', *Minerva*, accessed at https://doi.org/10.1007/s11024-019-09388-z.

Hurp, W. (2012), 'Peer review: What it is, why it's done, and how to do it', accessed on 7 March 2020 at https://www.slideserve.com/paxton/peer-review-what-it-is-why-it-s-done-and-how-to-do-it.

International Institute for Science, Technology and Education (IISTE). (2020), 'Open access policy and ethics', accessed on 13 April 2020 at https://www.iiste.org/journals-2/open-access-policy-and-ethics/.

Jackson, L., M. A. Peters, L. Benade, N. Devine, S. Arndt, D. Forster, A. Gibbons, E. Grierson, P. Jandrić, G. Lazaroiu, K. Locke, R. Mihaila, G. Stewart, M.Tesar, P. Roberts, and J. Ozoliņš. (2018), 'Is peer review in academic publishing still working?', *Open Review of Education Research*, **5**(1), 95–112.

Jamali, H. R., D. Nicholas, A. Watkinson, A. Abrizah, B. Rodríguez-Bravo, C. Boukacem-Zeghmouri, J. Xu, T. Polezhaeva,

E. Herman, and M. Świgon.(2020), 'Early career researchers and their authorship and peer review beliefs and practices: An international study', *Learned Publishing*, **33**(2), 142–152.

Jefferson, T., P. Alderson, E. Wager, and F. Davidoff. (2002), 'Effects of editorial peer review: A systematic review', *Journal of the American Medical Association*, **287**(21), 2784–2786.

Johnson, G. J., C. Tzanakou, and I. Ionescu. (2018), 'An Introduction to Peer Review', PLOTINA and the Summer School on Peer Review, University of Warwick, accessed on 26 May 2020 at https://www.researchgate.net/ publication/332345031_An_Introduction_to_Peer_Review.

Journal of Medical Internet Research (JMIR). (2020), 'Editorial policies:Fee schedule', accessed on 13 April 2020 at https://www.jmir.org/about/editorialPolicies#custom6.

Kelly, J., T. Sadeghieh, and K. Adeli. (2014), 'Peer review in scientific publications: Benefits, critiques, and a survival guide', *The Journal of the International Federation of Clinical Chemistry and Laboratory Medicine*, **25**(3), 227–243.

Kester, L., A. Griffin, E. J. Hultink, and K. Lauche. (2011), 'Exploring portfolio decision-making processes', *Journal of Product Innovation Management*, **28**, 641–661.

Kovanis, M., R. Porcher, P. Ravaud, and L. Trinquart. (2016), 'The global burden of journal peer review in the biomedical literature: Strong imbalance in the collective enterprise', *PLOS ONE*, accessed on 24 May 2020 at https://doi.org/10.1371/journal.pone.0166387.

Lee, A. S. (1995), 'Reviewing a manuscript for publication', *Journal of Operations Management*, **13**(1), 87–92.

Lehmann, D. R. and R. S. Winer. (2017), 'The role and impact of reviewers on the marketing discipline', *Journal of the Academy of Marketing Science*, **45**, 587–592.

Lerback, J. and B. Hanson. (2017), 'Journals invite too few women to referee', *Nature*, **541**, 455–457.

Lewin, A. Y, C. Y. Chiu, C. F. Fey, S. S. Levine, G. McDermott, J. P. Murmann, and E. Tsang. (2016), 'The critique of empirical social science: New policies at Management and Organization Review', *Management and Organization Review*, **12**(4), 649–658.

Lucey, B. (2013), 'Peer review: How to get it right – 10 tips', Guardian.co.uk Universities blog, 27 September, accessed on 9 December 2019 at www.theguardian.com/higher-education-network/blog/2013/sep/27/peer-review-10-tips-research-paper.

Lynch, J. G. (1998), 'Presidential address: Reviewing', *Advances in Consumer Research*, **25**, 1–6.

MacInnis, D. (2003), 'Responsibilities of a good reviewer: Lessons learned from kindergarten', *Journal of the Academy of Marketing Science*, **31**(3), 344–345.

MacKenzie, S. B. (2003), 'The dangers of poor construct conceptualization', *Journal of the Academy of Marketing Science*,

31(3), 323–326.

McDowell, G. S., J. D. Knutsen, J. M. Graham, S. K. Oelker, and R. S. Lijek. (2019), 'Co-reviewing and ghostwriting by early-career researchers in the peer review of manuscripts', *eLife*, 8:e48425, accessed on 24 May 2020 at https://doi.org/10.7554/eLife.48425.

McNair, R., H. A. L. Phuong, L. Cseri, and G. Szekely. (2019), 'Peer review of manuscripts: A valuable yet neglected tool for early-career researchers', *Hindawi Education Research International*, accessed on 11 November 2019 at https://doi.org/10.1155/2019/1359362.

Meadows, A. and K. Wulf. (2019), 'Quality is multi-dimensional: How many ways can you define quality in peer review', *The Scholarly Kitchen* blog, 16 September, accessed on 24 April 2020 at https://scholarlykitchen.sspnet.org/2019/09/16/quality-is-multi-dimensional-how-many-ways-can-you-define-quality-in-peer-review/.

Meyer, K., A. van Witteloostuijn, and S. Beugelsdijk. (2017), 'What's in a p? Reassessing best practices for conducting and reporting hypothesis testing research', *Journal of International Business Studies*, **48**, 535–551.

Moorman, C. (2019), 'Writing an outstanding review', accessed on 11 December 2019 at https://www.ama.org/wp-content/uploads/2019/10/Writing-an-Outstanding-Review.pdf.

Mulligan, A., L. Hall, and El. Raphael. (2013), 'Peer review in a changing world: An international study measuring the attitudes of researchers', *Journal of the American Society for Information Science and Technology*, **64**(1), 132–161.

National Academy of Sciences, National Academy of Engineering (US) and Institute of Medicine (US) Committee on Science, Engineering, and Public Policy. (2009), 'On being a scientist: A guide to responsible conduct in research', 3rd edition. Washington, DC: National Academies Press, accessed on 18 May 2020 at https://www.ncbi.nlm.nih.gov/books/NBK214564/.

National Research Council (US) and Institute of Medicine (US) Committee on Assessing Integrity in Research Environments. (2002), *Integrity in Scientific Research: Creating an Environment that Promotes Responsible Conduct.* Washington, DC: National Academies Press (US). Accessed on 30 March 2020 at https://www.ncbi.nlm.nih.gov/books/NBK208714/.

Nature. (2020), 'Nature will trial the publication of peer review reports', *Nature*, **578**, 8.

Nicholas, D., A. Watkinson, H. Jamali, E. Herman, C. Tenopir, R. Volentine, S. Allard, and K. Levine. (2015), 'Peer review: Still king in the digital age', *Learned Publishing*, 28, 15–21.

Nichols, N. L. and J. M. Sasser. (2014), 'The other side of the submit button: How to become a reviewer for scientific journals', *The Physiologist*, **57**(2), 88–91.

ORCID. (2020), accessed on 30 March 2020 at https://orcid.org/.

参考文献

Ostrom, A. L. (2003), 'Achieving reviewer readiness', *Journal of the Academy of Marketing Science*, **31**(3), 337–340.

Paltridge, B. (2015), 'Referees' comments on submissions to peer-reviewed journals: When is a suggestion not a suggestion?', *Studies in Higher Education*, **40**(1), 106–122.

Peerage of Science. (2020), 'How it works', accessed on 29 March 2020 at https://www.peerageofscience.org/how-it-works/.

Pierson, C. (2015), 'Reviewing journal manuscripts: An easy to follow guide for any nurse reviewing journal manuscripts for publication', Wiley Blackwell, accessed on 10 December 2019 at http://naepub.com/wp-content/uploads/2015/08/24329-Nursing-ReviewingMSS12ppselfcover_8.5x11_for_web.pdf.

PLOS ONE. (2019), 'Reviewer center: How to write a peer review', accessed on 10 December 2019 at https://reviewers.plos.org/resources/how-to-write-a-peer-review/.

PLOS ONE. (2020), 'Guidelines for reviewers', accessed on 26 March 2020 at https://journals.plos.org/plosone/s/reviewer-guidelines.

Pollett, M. (2020), 'The evolution and critical role of peer review in academic publishing', Wiley Blackwell, accessed on 5 March 2020 at https://www.wiley.com/network/researchers/being-a-peer-reviewer/the-evolution-and-critical-role-of-peer-review-in-academic-publishing-2.

Pratt, M. G. (2008), 'Fitting oval pegs into round holes: Tensions in evaluating and publishing qualitative research in top-tier North

American journals', *Organizational Research Methods*, **11**, 481–509.

Pratt, M. G. (2009), 'For the lack of a boilerplate: Tips on writing up (and reviewing) qualitative research', *Academy of Management Journal,* **52**(5), 856–862.

Priem, R. and A. Rasheed. (2006), 'Reviewing as a vital professional service', in Y. Baruch, S. Sullivan, and H. Schepmyer (eds), *Winning Reviews: A Guide for Evaluating Scholarly Writing*. Basingstoke: Palgrave Macmillan.

Publons. (2018), 'The global state of peer review', accessed on 6 December 2019 at https://publons.com/community/gspr.

Publons. (2020), 'How does Publons work', accessed on 30 March 2020 at https://publons.freshdesk.com/support/solutions/articles/12000009179-how-does-publons-work.

PubPeer. (2014), 'PubPeer: Science self-corrects – instantly', *PubPeer* blog, 2014, accessed on 29 March 2020 at https://blog.pubpeer.com/publications/36E5D01DFD3E874F721E607D0ADDD2#.

PubPeer. (2020), 'Frequently asked questions', *PubPeer: The Online Journal Club*, accessed on 29 March 2020 at https://pubpeer.com/static/faq.

Rojewski, J. W. and D. M. Domenico. (2005), 'The art and politics of peer review', *Journal of Career and Technical Education*, **20**(2), 41–54.

Ross-Hellauer, T. (2017), 'What is open peer review? A systematic review (version 2)', *F1000 Research*. doi: 10.12688/f1000 research.11369.2.

Sage Publishers. (2020), 'Reviewer Rewards', accessed on 7 April 2020 at https://us.sagepub.com/en-us/nam/reviewer-rewards.

Science. (2020), 'Peer review at *Science* publications', accessed on 26 March 2020 at https://www.sciencemag.org/authors/peer-review-science-publications#.

Science Open. (2020), 'Review instructions for *Science Open*', accessed on 30 March 2020 at https://blog.scienceopen.com/2016/06/review-instructions-for-scienceopen/.

Seals, D. R. and H. Tanaka. (2000), 'Manuscript peer review: A helpful checklist for students and novice referees', *Advances in Physiology Education*, **23**(1), 52–58.

Seeber, M. (2020), 'How do journals of different rank instruct peer reviewers? Reviewer guidelines in the field of management', *Scientometrics*, published online 3 January 2020 at https://doi.org/10.1007/s11192-019-03343-1.

Sense About Science. (2009), 'Peer review survey 2009: Full report', Sense About Science, accessed on 9 December 2019 at https://senseaboutscience.org/activities/peer-review-survey-2009/.

Silverman, D. (2017), *Doing Qualitative Research*. London: Sage Publications.

Singh, J. (2003), 'A reviewers' gold', *Journal of the Academy of Marketing Science*, **31**(3), 331–336.

Smith, D. C. (2003), 'The importance and challenges of being interesting', *Journal of the Academy of Marketing Science*, **31**(3), 319–322.

Spot on Report. (2017), 'What might peer review look like in 2030', *BioMed and Digital Science*, accessed on 2 April 2020 at https://figshare.com/articles/What_might_peer_review_look_like_in_2030_/4884878.

Sternberg, R. J. (2003), 'There is no place for hostile reviews', *International Journal of Clinical & Health Psychology*, **3**(1), 159–161.

Stiller-Reeve, M. (2018), 'How to write a thorough peer review', Nature: Career Column, 8 October, accessed on 13 April 2020 at https://10.1038/d41586-018-06991-0.

Taylor, S. (2003), 'Big R (versus little r) reviewers: The anonymous coauthor', *Journal of the Academy of Marketing Science*, **31**(3), 341–343.

Taylor and Francis. (2015), 'Peer review in 2015: A global view', accessed on 6 December 2019 at https://authorservices.taylorandfrancis.com/peer-review/peer-review-global-view/.

Tennant, J. (2018), 'The state of the art in peer review', *FEMS Microbiology Letters*, **365**. doi: 10.1093/femsle/fny204.

Tennant, J. P., J. M. Dugan, D. Graziotin, D. C. Jacques, F. Waldner, D. Mietchen, Y. Elkhatib, L. B. Collister, C. K. Pikas, T. Crick, P. Masuzzo, A. Caravaggi, D. R. Berg, K. E. Niemeyer, T. Ross-Hellauer, S. Mannheimer, L. Rigling, D. S. Katz, B. G. Tzovaras,

J. Pacheco-Mendoza, N. Fatima, M. Poblet, M. Isaakidis, D. E. Irawan, S. Renaut, C. R. Madan, L. Matthias, J. N. Kjær, D. P. O'Donnell, C. Neylon, S. Kearns, M. Selvaraju, and J. Colomb. (2017), 'A multi-disciplinary perspective on emergent and future innovations in peer review', [version 3; peer review 2 approved], *F1000 Research*, **6**, 1151.

Tenorio-Fornes, A., V. Jacynycz, D. Llop, A. Sanchez-Ruiz, and S. Hassan. (2019), *Hawaii International Conference on System Sciences 2019*, accessed on 3 April 2020 at https://scholarspace.manoa.hawaii.edu/handle/10125/ 59901?mode=full.

Tihanyi, L. (2020), 'From "that's interesting" to "that's important"', *Academy of Management Journal,* **63**(2), 329–331.

Vargo, S. (2019), personal communication, 10 September.

Ward, P. C., K. Graber, and H. van der Mars. (2015), 'Writing quality peer reviews of research manuscripts', *Journal of Teaching in Physical Education*, **34**, 700–715.

Ware, M. (2016), 'Publishing Research Consortium peer review survey 2015'. Publishing Research Consortium (PRC). Accessed on 10 September 2020 by using '57-prc-peer-review-survey-2015' in a Google search, and clicking on the first Elsevier.com link to obtain a downloadable pdf of the report.

Warne, V. (2016), 'Rewarding reviewers – sense or sensibility? A Wiley study explained', *Learned Publishing*, **29**, 41–50.

Wiley. (2019a), 'Step by step guide to reviewing a manuscript', accessed on 10 December 2019 at https://authorservices.wiley.com/Reviewers/journal-reviewers/how-to-perform-a-peer-review/step-by-step-guide-to-reviewing-a-manuscript.html#10.

Wiley. (2019b), 'Top tips for reviewers', accessed on 10 December 2019 at https://authorservices.wiley.com/Reviewers/journal-reviewers/how-to-perform-a-peer-review/top-tips-for-peer-reviewers.html.

Wiley. (2020), 'Types of peer review', accessed on 26 March 2020 at https://authorservices.wiley.com/Reviewers/journal-reviewers/what-is-peer-review/types-of-peer-review.html.

Wilson, J. (2012), 'Peer review, the nuts and bolts: A guide for early career researchers'. London: Sense About Science. https://senseaboutscience.org/activities/peer-review-the-nuts-and-bolts/.

Workman, J. P., Jr. (1993), 'Marketing's limited role in new product development in one computer systems firm', *Journal of Marketing Research*, **30**(4), 405–421.

Workman, J. P., Jr., C. Homburg, and K. Gruner. (1998), 'Marketing organization: An integrative framework of dimensions and determinants', *Journal of Marketing*, **62**(3), 21–41.

Yarkoni, T. (2012), 'Designing next-generation platforms for evaluating scientific output: What scientists can learn from the social web', *Frontiers in Computational Neuroscience*, **6**, Article 72.

Yin, R. K. (2009), *Case Study Research: Design and Methods*, 4th edition. Thousand Oaks, CA: Sage.